STELLA HEMPEL

GLÜCKSMOMENTE IN *Berlin*

135 Orte & Erlebnisse, die glücklich machen

BRUCKMANN

Inhalt

Vorwort 6

BERLIN-MITTE UND DER NORDEN 8

Ausberlin, der Name ist Programm 10

Dolce Vita in der Ackerstraße 12

GLÜCKSTHEMA 16

Warum sich Berliner »freuen wie Bolle« 16

Feel-Good-Snack: polnische Piroggen 17

GLÜCKSTHEMA 18

Stadtrundfahrt auf den Berliner Wasserwegen 18

Schokoträume made in Berlin 20

Frühstücken in 207 Metern Höhe 22

Eine Galerie für cineastische Kunst 24

Lauter glitzernde Glücksbringer 28

Very british! Teegenuss vom Feinsten 30

Berliner Craft Beer, frisch aus dem Braukessel 32

Eine kleine Reise in die Welt des Designs 34

Versteckte Oase im Hinterhof 36

Hochprozentiger Genuss mit Tradition 37

GLÜCKSWEG 38

Grenzenlos glücklich in der Bernauer Straße 38

Mirakel und Matcha im House of Small Wonder 40

Ein kleines, aber feines Shoppingparadies 42

Stilvoll brunchen im brutalistischen Betonbau 44

Ein Stück Glück aus reinem Kaschmir 46

Exklusives Dinner im Shabby-Chic-Ambiente 48

GLÜCKSWEG ... 50
Urlaubsfeeling auf der Greenwichpromenade 50
Schweizer Spezialität zum Dahinschmelzen 52
Berlinsouvenirs für Fortgeschrittene 54

DER OSTEN ... 56
Kreative und köstliche Pop-Art 58
Entspannt kochen wie mit Freunden 60
Reisemitbringsel aus aller Welt 62

GLÜCKSTHEMA ... 64
Auf zwei Kufen ins Glück schlittern 64
Baden in Erinnerungen an frühere Zeiten 68

GLÜCKSTHEMA ... 70
Eine Hauptstadt, viele kleine Dörfer 70
Blini, Borschtsch und reichlich Wodka 71
Die Geisterstadt im Plänterwald 72
Ein Heimathafen für Schlemmer und Skipper 74
Die Kunst des Schenkens 76
Kurzurlaub auf der grünen Insel in der Spree 78

GLÜCKSWEGE ... 80
Mit der Seilbahn zum Gipfel des Kienbergs 80
Eine Weltreise ganz ohne Jetlag 82
Zoobesuch mit Schloss und Blumenmeer 84
Auf Zeitreise gehen in der Altstadt Köpenick 86
Ruderfähre und Räucherfisch 88
Kaffee und Kuchen im alten Kranhaus 90
Schöne Stunden im Cowshed Spa 92

GLÜCKSWEGE ... 93
Eine ganze Runde um die halbe Insel 93
Spaziergang am Ufer des Müggelsees 96
360-Grad-Panorama im grünen Osten 98
Glück zum Verschenken 100

DER SÜDEN 102
Interview: Ein Sternekoch aus Berlin-Kreuzberg 104

GLÜCKSWEGE 106
Gipfelglück im Viktoriapark 106
Vom Niemandsland zum beliebten Volkspark 108
Bierkultur und Kulinarik im Container 110
Street Food Thursday: ein Fest für Foodies 112
Ein Miteinander, das glücklich macht 116
Die schönste Form von Schwebezustand 118
Fisch oder Frühstück frisch aus der Kombüse 120
Ein Kaufhaus für Kreative 122

GLÜCKSTHEMEN 124
Neues Leben in alten Spelunken 124
Gute-Laune-Getränk: Berliner Weiße 125
Kulinarischer Kurztrip nach Korea 126
Pflanzenparadies auf dem Parkdeck 130
Ein inspirierender Tag im Gropius Bau 132
Bella Italia mitten in Neukölln 134
Volle Craft voraus in Mariendorf 136

GLÜCKSWEG 138
Statt am Himmel: Flugzeuge im Bauch 138
Kunst, Kaffee und Kupferkessel 140
Interview: Glückliche Erinnerungen, gesammelt in Flakons 142

GLÜCKSWEG 144
Ein Blütentraum in zartem Rosa 144

DER WESTEN 146
Einkaufsbummel mit Äffchen und Octopussy 148

GLÜCKSTHEMA 150
Traumhaftes Revier für Freizeitkapitäne 150
Hotel mit viel Charme in Charlottenburg 152
Dinieren mit Blick auf den urbanen Dschungel 156

TOP 5

Flohmärkte 26
Weihnachtsmärkte 66
Eisdielen 114
Feinkost & Delikatessen 184

TOP 10

Bars mit Aussicht 14
Kaffee & Kuchen 94
Bücher & Zeitschriften 128
Besondere Kinos 154

Für Nachteulen und Frühaufsteher 158
Schöner shoppen in Schöneberg 160
Romantische Ruderpartie im Tiergarten 162
Liebe auf den zweiten Blick 164
Kulinarischer Hochgenuss über den Dächern der Stadt 166
Vom Frühjahrsblüher bis zum Winterzauber 168
Zum Brunch in die Botschaft 170
Schockverliebt im Zoo Berlin 171

GLÜCKSWEG 172
Indian Summer: Herbst im Grunewald 172
Entdeckungsreise ins Reich der Tee-Tüftler 174

GLÜCKSWEG 176
Eine Kulisse wie aus dem Märchen 176
Kultkonzert unter dem Sternenhimmel 178
Ländliche Idylle unweit der City West 180

GLÜCKSWEGE 182
Herrlicher Havelblick in Kladow 182
Frühlingserwachen im Lietzenseepark 186
Glück zum Mitnehmen 188

Register nach Themen 190
Impressum 192

Vorwort

Das eine Glücksrezept, das alle gleichermaßen happy macht, kann es nicht geben. Dafür sind die Geschmäcker einfach zu unterschiedlich. Doch es gibt Zutaten, aus denen sich jeder sein individuelles Glücksmenü zusammenstellen kann: ein lauschiger Platz am Wasser, eine grandiose Aussicht, ein liebevoll gekochtes Essen, eine spannende Kunstausstellung oder vielleicht ein charmanter, kleiner Laden. Als geschichtsträchtige und weltoffene Metropole hält Berlin eine enorme Vielfalt an Glückszutaten bereit, die teilweise aus fernen Ländern oder anderen Kulturkreisen stammen.

Shoppingqueens, Geschichtsinteressierte, Architekturfans, Kunstbegeisterte, Foodies, Naturliebhaber – sie alle können in der deutschen Hauptstadt ihr Glück finden.

In diesem Buch sind jede Menge Glücksmomente beschrieben, die man sehr gut alleine genießen kann. Oft sind es aber nicht nur die besonderen Orte, die einen Glücksmoment ausmachen, sondern auch die besonderen Menschen, mit denen man diesen teilt. Denn schließlich gilt: Geteiltes Glück ist doppeltes Glück.

Also, schnappen Sie sich Ihre Lieblingsbegleitperson(en), ziehen Sie los und erleben Sie Ihre ganz persönlichen Glücksmomente in Berlin! Einer Stadt, die selbst dann, wenn sie mal schläft, noch wilde und wunderbare Träume hat.

Glückliche Grüße von der Spree

Stella Hempel

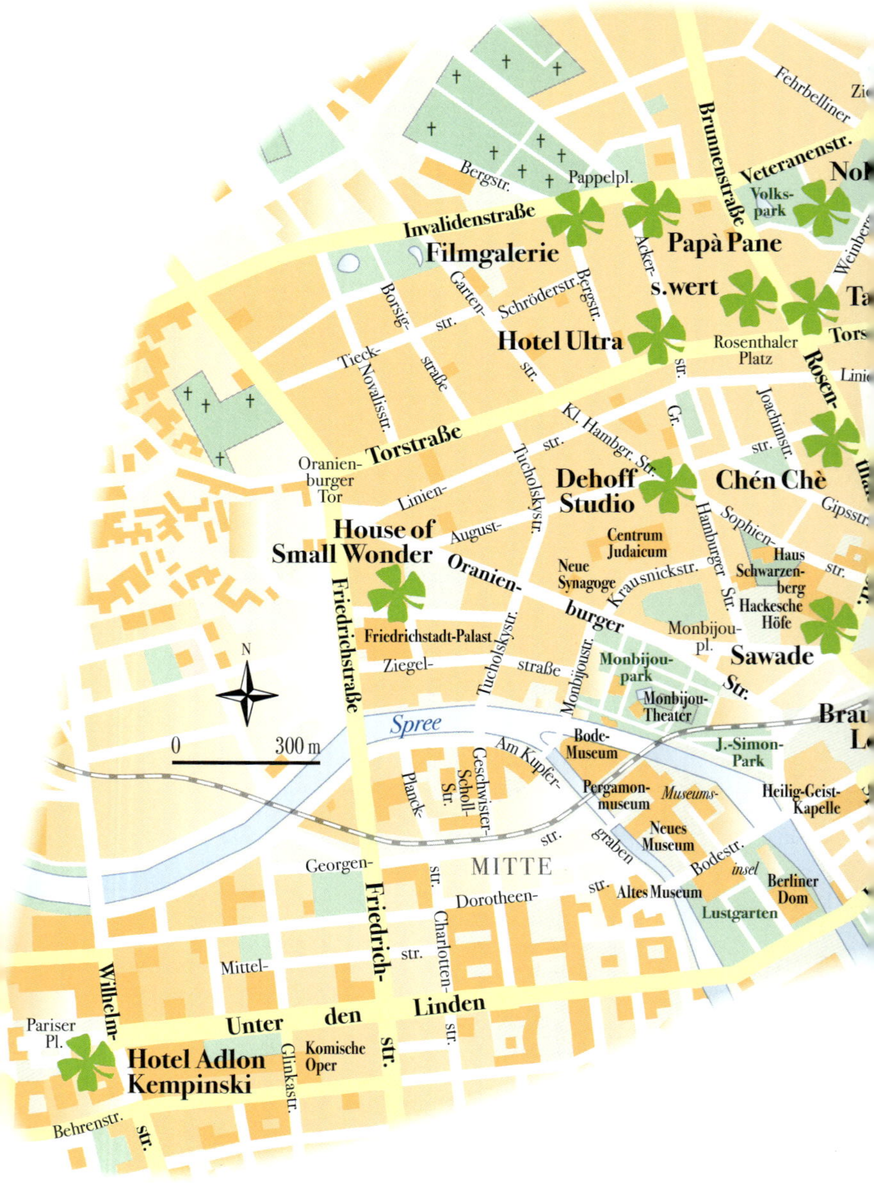

Filmgalerie
Papà Pane
s.wert
Hotel Ultra
Dehoff Studio
Chén Chè
House of Small Wonder
Sawade
Hotel Adlon Kempinski
Invalidenstraße
Torstraße
Brunnenstraße
Veteranenstr.
Fehrbelliner
Bergstr.
Pappelpl.
Volks-park
Acker-str.
Garten-str.
Schröderstr.
Borsig-straße
Tieck-
Novalisstr.
Rosenthaler Platz
Rosen-
Kl. Hambgr. Str.
Gr. Hamburger Str.
Joachimstr.
Tucholskystr.
Oranien-burger Tor
Linien-str.
August-
Oranien-burger Str.
Centrum Judaicum
Neue Synagoge
Krausnickstr.
Sophien-str.
Gipsstr.
Haus Schwarzen-berg
Hackesche Höfe
Monbijou-pl.
Friedrichstraße
Friedrichstadt-Palast
Ziegel-straße
Monbijoustr.
Monbijou-park
Monbijou-Theater
N
0
300 m
Spree
Am Kupfer-graben
Bode-Museum
J.-Simon-Park
Planck-str.
Geschwister-Scholl-Str.
Pergamon-museum
Museums-insel
Heilig-Geist-Kapelle
Neues Museum
Bodestr.
Georgen-str.
MITTE
Dorotheen-str.
Altes Museum
Berliner Dom
Lustgarten
Charlotten-str.
Mittel-str.
Friedrich-str.
Unter den Linden
Wilhelm-str.
Pariser Pl.
Glinkastr.
Komische Oper
Behrenstr.

Berlin-Mitte und der Norden

Der Bezirk Mitte macht Shoppingfans glücklich. Hier kann man in Concept-Stores und Modeboutiquen stöbern, eine Zimtschnecke im Straßencafé oder eine Mahlzeit im Hype-Restaurant genießen. In Mitte versammeln sich auch wichtige Sehenswürdigkeiten wie der Fernsehturm und die Gedenkstätte Berliner Mauer. Weniger touristisch erschlossen ist der Wedding, der bei Künstlern sehr beliebt ist. Seine tollsten Adressen sind oft in Hinterhöfen versteckt. Zu den schönsten Ausflugszielen im Norden zählt der Tegeler See.

Ausberlin, DER NAME IST PROGRAMM

Ein kleines Kaufhaus für kreative Produkte aus der Hauptstadt.

Sie waren in Berlin und alles, was Sie Ihren Lieben mitgebracht haben, ist ein langweiliges T-Shirt? Keine Sorge – so weit wird es sicher nicht kommen. Wer in der Kreativmetropole Berlin unterwegs ist, sollte am Ende des Trips schon ein paar spannendere Geschenke für die Daheimgebliebenen im Gepäck haben. Über das gesamte Stadtgebiet verstreut gibt es Künstler, Designer und Manufakturen, die außergewöhnliche Dinge produzieren. Natürlich hat man nicht auf jeder Berlinreise genug Zeit, um in die einzelnen Kieze zu fahren und die Ateliers der Kreativen zu besuchen. Das ist zum Glück auch gar nicht nötig, denn Ausberlin-Gründer Darius Wientzek hat aus den Berliner Bezirken eine erstaunliche Vielfalt an Produkten zusammengetragen, die er nun in seinem Shop anbietet. Der Laden ist verkehrsgünstig gelegen, direkt gegenüber vom Fernsehturm und nur einen Steinwurf vom Alexanderplatz entfernt. Und das Konzept ist so simpel wie der Name des Geschäfts: Alle Produkte, die hier in den Regalen liegen oder auf Bügeln hängen, stammen aus Berlin. Die Palette reicht von Kunst über Musik und Literatur bis hin zu Schmuck, Mode und Wohnaccessoires. Mal schrill oder skurril, mal stilvoll und elegant – aber immer einfallsreich. Einen »Meisenknödel für Menschen« aus weißer Schokolade bekommt man hier ebenso wie ein Memospiel mit Fotos der Berliner U-Bahnhöfe oder Shirts und Jutebeutel mit originellen Motiven. Groß ist auch die Auswahl an Lebensmitteln wie Kaffee, Pfefferminzlikör oder Gummibärchen aus Berlin. Diese kulinarischen Souvenirs haben einen entscheidenden Vorteil: Statt als Staubfänger zu Hause rumzustehen, werden sie ruckzuck ausgetrunken oder aufgegessen.

Ausberlin, Karl-Liebknecht-Str. 9, 10178 Berlin, Tel. 030/97 00 56 40, www.aus.berlin, Mo–Sa 11–19, So 12–18 Uhr

GLÜCKSVERSTÄRKER

Kennen Sie vielleicht jemanden, der gerade eine Extraportion Glück gebrauchen kann? Bei Ausberlin gibt es auch aufmunternde Geschenkideen wie die Glückspillen »Glück in kleinen Dosen«, das Pflanzset »Das Glück sprießt!« oder die »Glückssträhnen« aus Fruchtgummi.

Dolce Vita
IN DER ACKERSTRASSE

Mit ihrer Pizza sorgt die Familie Pane für Genussmomente all'italiana.

Ein lauer Sommerabend in der Großstadt. Ein Tisch unter freiem Himmel. Ein Glas Spritz, in dem Eiswürfel klirren. Und dann steht sie plötzlich vor einem: die perfekte Pizza. Diese Szene könnte sich auch in einer italienischen Metropole abspielen, auf einer Piazza in Neapel etwa. Doch wir befinden uns in Berlin-Mitte. Dass man sich hier wie im Italienurlaub fühlen kann, ist der Gastronomenfamilie Pane zu verdanken. 2005 eröffneten die Brüder Antonio, Luciano und Gionatan Pane ihre Pizzeria in der Ackerstraße. Schnell hat sich herumgesprochen, dass ihre Steinofen-Pizza zu den besten der Stadt zählt. Manche würden sogar sagen: Es ist die beste Pizza der Stadt! Das liegt zum einen am Teig, der nach geheimem Familienrezept zubereitet wird, zum anderen am üppigen Belag. Bei Papà Pane kommen nur feinste Zutaten auf den dünnen, knusprigen Pizzaboden: vom Büffelmozzarella bis zur Salsiccia mit Fenchel. Neben bewährten Klassikern steht immer eine »Pizza des Tages« auf der Karte – mit saisonalen Ingredienzen wie Spargel oder Beeren. Papà Pane ist für seine Pizza bekannt, doch auch die hausgemachte Pasta, die Salate, Fisch- und Fleischgerichte sind absolut empfehlenswert. Wenn das Wetter nicht mitspielt, genießt man diese in den Räumen einer historischen Markthalle mit imposanter Deckenhöhe, großer Fensterfront und einer familiären, lebhaften Atmosphäre, die ebenso authentisch italienisch ist wie die Speisen.

Pizzeria Ristorante Papà Pane di Sorrento, Ackerstr. 23, 10115 Berlin, Tel. 030/28 09 27 01, www.papapane.de, tgl. 12–24 Uhr

GLÜCKSVERSTÄRKER

Appetit auf noch mehr italienisches Lebensgefühl? Im Feinkostgeschäft Fior di Pane (Ackerstr. 16) gibt es Leckeres zum Mitnehmen. Die berühmte Steinofen-Pizza kann man auch in den Papà-Pane-Restaurants in Kreuzberg (Wilhelmstr. 15) und Friedrichshain (Niederbarnimstr. 13) probieren.

1 **AMANO Dachterrasse** Heiße Sommertage lässt man am besten mit einem kühlen Drink in der Hand auf einer Dachterrasse ausklingen. Zu den schönsten Rooftop-Bars der Stadt zählt die des Amano Hotels in der Auguststraße.
www.amanogroup.de

2 **Monkey Bar** Vom zehnten Stock des 25hours Bikini blickt man auf die City West, den Zoo und den Affenfelsen, nach dem die Bar benannt wurde. Auch Cocktails wie Mad Monkey Mai Tai oder Angry Alpaca erinnern an die tierischen Nachbarn.
www.monkeybarberlin.de

3 **Bar 203** Die höchste Bar Berlins befindet sich in der Kugel des Fernsehturms. Hier trinkt man den Sundowner in einer Höhe von 203 Metern.
www.tv-turm.de

4 **GRACE Rooftop** Stilvoller Ort für einen Feierabenddrink unter freiem Himmel: Die Dachterrasse des Hotel Zoo Berlin mit Barbereich und schützender Rundumverglasung.
www.grace-berlin.com

5 **260 Grad** Der 260-Grad-Panoramablick dieser Bar mit Dachterrasse reicht von der Oberbaumbrücke über die Spree und die East Side Gallery bis hin zum Fernsehturm.
www.260grad.de

Bars mit Aussicht

TOP 10

6 **Loft14** In der Bar im 14. Stock des Vienna House Andel's Berlin genießt man nicht nur »Cocktails mit Happiness-Garantie«, sondern auch den kilometerweiten Fernblick.
www.loft14.berlin

7 **Solar** Schon während der Fahrt mit dem gläsernen Fahrstuhl in die 16. Etage wird die Aussicht immer besser. Ganz oben warten ein toller 270-Grad-Blick und kunstvoll gemixte Drinks.
www.solarberlin.com

8 **Deck 5** Sonne, Sand und Palmen: In der Strandbar auf dem Dach der Schönhauser Allee Arcaden kommt Urlaubsstimmung auf. Der Blick schweift über die Dächer von Prenzlauer Berg bis in die Ferne.
www.deck-5.com

9 **The Rooftop Terrace** Ebenso elegant wie das Hotel de Rome am Bebelplatz ist seine Dachterrasse. Hier gönnt man sich ein Glas Champagner, schnuppert am Lavendel und betrachtet die Stadt von oben.
www.roccofortehotels.com

10 **One Lounge** Von der Rooftop-Bar des Motel One Upper West schaut man direkt auf die Gedächtniskirche. Longdrinkfans freuen sich über die große Auswahl an Gins.
www.motel-one.com

Warum sich Berliner »FREUEN WIE BOLLE«

Hinter dieser beliebten Redewendung steckt ein launiges Lied.

Wenn Berliner so richtig gut drauf sind, sagen sie, dass sie sich »freuen wie Bolle«. Doch wer ist eigentlich dieser Bolle, mit dem man sich so gerne vergleicht? Bolle ist in Berlin ein weitverbreiteter Nachname. Es gab einst eine Meierei C. Bolle, in deren historischen Räumen sich heute die Eventlocation Bolle Festsäle befindet. Supermärkte namens Bolle gibt es ebenfalls. Und das Bootshaus Bolle ist ein Restaurant am Wannsee. Die Redewendung stammt allerdings aus dem Volkslied »Bolle reiste jüngst zu Pfingsten«, entstanden um 1900. Bolle, der Protagonist des Lieds, hat eine Pechsträhne. Er fährt nach Pankow, wo er seinen Sohn im Gedränge verliert, nichts zu essen oder zu trinken bekommt und in eine Schlägerei gerät. Zu allem Überfluss wird er abends auch noch von seiner Frau verprügelt. Doch all das kann die Stimmung des unverschämt gut gelaunten Bolle nicht trüben. Im Refrain heißt es: »Aber dennoch hat sich Bolle janz köstlich amüsiert«. So viel Heiterkeit angesichts widriger Umstände ist bewundernswert. Daher hat sich »wie Bolle« als verstärkender Zusatz bei positiven Gefühlsregungen durchgesetzt: Man ist stolz, aufgeregt, man amüsiert sich oder freut sich wie Bolle. Es spricht also nichts dagegen, einfach mal glücklich zu sein wie Bolle.

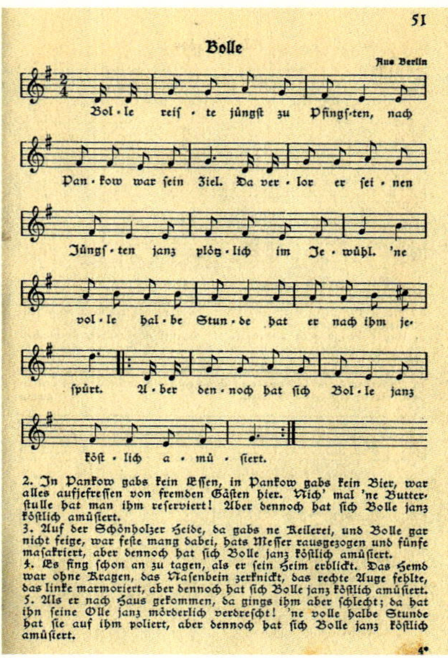
51

Bolle

Aus Berlin

Bol - le reis - te jüngst zu Pfingst-ten, nach Pan - kow war sein Ziel. Da ver - lor er sei - nen Jüngs - ten janz plötz - lich im Je - wühl. 'ne vol - le hal - be Stun - de hat er nach ihm je - spürt. A - ber den - noch hat sich Bol - le janz köst - lich a - mü - siert.

2. In Pankow gabs kein Essen, in Pankow gabs kein Bier, war alles aufjefressen von fremden Gästen hier. Nich' mal 'ne Butterstulle hat man ihm reserviert! Aber dennoch hat sich Bolle janz köstlich amüsiert.
3. Auf der Schönholzer Heide, da gabs ne Keilerei, und Bolle gar nicht feige, war feste mang dabei, hats Messer rausgezogen und fünfe masakriert, aber dennoch hat sich Bolle janz köstlich amüsiert.
4. Es fing schon an zu tagen, als er sein Heim erblickt. Das Hemd war ohne Kragen, das Nasenbein zerknickt, das rechte Auge fehlte, das linke marmoriert, aber dennoch hat sich Bolle janz köstlich amüsiert.
5. Als er nach Haus gekommen, da gings ihm aber schlecht; da hat ihn seine Olle janz mörderlich verdrescht! 'ne volle halbe Stunde hat sie auf ihm poliert, aber dennoch hat sich Bolle janz köstlich amüsiert.

4*

Feel-Good-Snack: POLNISCHE PIROGGEN

Im Tak Tak gibt es die leckeren Teigtaschen auch zum Mitnehmen.

Gefüllte Nudelteigtaschen sind in vielen Länderküchen zu finden. Hierzulande kommen vor allem Maultaschen oder italienische Pastasorten wie Ravioli, Tortellini und Cappelletti auf den Tisch. Weniger verbreitet, aber äußerst schmackhaft ist die polnische Variante namens Pierogi. Karol Kasierski will den Piroggen aus seiner Heimat zu größerer Bekanntheit verhelfen und hat deshalb sein Schnellrestaurant Tak Tak am Rosenthaler Platz eröffnet. Hier werden Pierogi als modernes Streetfood angeboten. Das heißt: Man kann sie vor Ort im kleinen Imbisslokal auf einem Barhocker sitzend verspeisen oder einfach mitnehmen. Jede Pirogge ist ein kleines Glückspaket, gefüllt mit leckeren Zutaten und serviert mit Sauerrahm, Röstzwiebeln und Schnittlauch. Neben den traditionellen Pierogi mit Fleischfüllung gibt es auch vegane oder vegetarische Varianten, zum Beispiel mit Roter Bete und Ziegenkäse. Außerdem stehen Suppenklassiker wie Żurek und das Nationalgericht Bigos auf der Karte. Dazu passt am besten ein polnisches Tyskie-Bier. *Na zdrowie!*

Tak Tak – Polish Deli,
Brunnenstr. 5, 10119 Berlin,
www.taktak-polishdeli.de,
tgl. 12–22 Uhr

Stadtrundfahrt auf den BERLINER WASSERWEGEN

Leinen los! Entspanntes Sightseeing an Bord eines Fahrgastschiffs

Einfach zurücklehnen, die Landschaft vorbeiziehen lassen und den kühlen Fahrtwind genießen. Eine Schiffstour durch Berlin ist vor allem an warmen Sommertagen äußerst erfrischend und erholsam. Viele der wichtigsten Sehenswürdigkeiten sieht man aus einer ganz neuen Perspektive, während man es sich auf dem Bootsdeck gemütlich macht, ein Eis schleckt oder einen Kaffee trinkt.

Sehr beliebt bei Berlinbesuchern sind die ein- bis zweistündigen Citytouren: Auf der innerstädtischen Spree tuckern die Ausflugsdampfer diverser Reedereien hin und her – vorbei am Regierungsviertel, an der Museumsinsel und am neuen Stadtschloss. Wesentlich interessanter ist es jedoch, bei einer der drei- bis vierstündigen Fahrten auf Spree und Landwehrkanal das Stadtzentrum zu umrunden. Man fährt unter unzähligen Brücken hindurch, staunt über die verschiedenen Facetten der Stadt und erlebt hautnah, wie eine Schleuse funktioniert.

Wer noch mehr Zeit hat, sollte unbedingt mit dem Fahrgastschiff hinaus ins Grüne schippern. Berlin ist eine wasserreiche Stadt und hat viel mehr zu bieten als nur die Spree, die sich mitten durchs Zentrum schlängelt. Wenn man auf den Flüssen, Kanälen und Seen der deutschen Hauptstadt unterwegs ist, kann man architektonische Highlights und urbane Szenerien bewundern, aber auch idyllische Naturkulissen. Besonders reizvoll ist die Schiffstour vom Treptower Park aus zum Müggelsee und rund um die Müggelberge.

Auch die Ausflugsfahrt »Havel von Nord nach Süd« der Reederei Stern und Kreis ist ein tolles Erlebnis: Vom Tegeler See geht es bis nach Potsdam, der Hauptstadt des Landes Brandenburg. Die Berliner Reedereien veranstalten außerdem Brunch- und Abendfahrten sowie Partys und andere Events an Bord.

Reedereien: www.sternundkreis.de, www.reederei-riedel.de, www.reedereiwinkler.de, www.spree-havelschiffahrt.de, www.bwsg-berlin.de

GLÜCKSVERSTÄRKER

Wer sich etwas Besonderes gönnen möchte, bucht eine »Sunset Cruise« auf dem eleganten Salonschiff »Riethoen«. Mit einem Drink in der Hand sitzt man auf dem Teakdeck der klassischen Motorjacht aus den 1930er-Jahren und schippert stilvoll in den Sonnenuntergang. Los geht's am Anleger des Restaurantschiffs Patio in Moabit.

www.patio-berlin.de

Schokoträume
MADE IN BERLIN

Mit edlen Pralinen von Sawade macht man sich selbst und andere happy.

Manche Leckereien haben eine stimmungsaufhellende Wirkung. Als Glücksgarant gilt vor allem Schokolade. Das liegt, wie man inzwischen weiß, nicht an geheimnisvollen Substanzen, die im Kakao stecken und ein Schoko-High auslösen. Es ist vielmehr die Kombination aus Geschmackserlebnis und schönen Erinnerungen, die glücklich macht. Beim Genuss eines guten Stücks Schokolade oder einer kunstvoll verzierten Praline werden alle Sinne angesprochen. Das appetitliche Aussehen spielt dabei eine ebenso wichtige Rolle wie der süße Duft, das Knistern des Stanniolpapiers oder das leise Knacken, wenn man hineinbeißt.

Schon beim Betreten des Sawade-Ladens in den Hackeschen Höfen werden größere Mengen des Glückshormons Dopamin ausgeschüttet. Das elegante Interieur, die bunte Auswahl in der Vitrine und der verführerische Schokoduft, der in der Luft liegt, machen Lust darauf, die hier angebotenen Köstlichkeiten zu probieren.

Sawade, die älteste Pralinenmanufaktur Berlins, gibt es bereits seit 1880. Preußische Prinzen und Prinzessinnen ließen sich die exquisiten Kreationen schmecken und ernannten die Berliner Manufaktur zum Königlichen Hoflieferanten. Sawade-Spezialitäten wie die »Königin Luise Pastete« erinnern noch heute an die blaublütige Fangemeinde.

Jedes der kleinen Pralinen-, Trüffel- oder Konfekt-Kunstwerke entsteht in liebevoller Handarbeit im Bezirk Reinickendorf. Dabei werden nur erstklassige Zutaten verarbeitet. Die aktuellen Inhaber legen viel Wert auf Tradition und überlieferte Rezepturen, doch das Verpackungsdesign haben sie inzwischen modernisiert. Die hübschen Pralinenschachteln kann man wunderbar verschenken. Ein perfektes Präsent zu Silvester: die leckeren Glückspilze aus Vollmilchschokolade.

Sawade, Hackesche Höfe, Hof II, Rosenthaler Str. 40–41, 10178 Berlin, Tel. 030/97 00 53 63, www.sawade.berlin, Mo–Sa 11–19 Uhr

Sawade
Sawade
Berlin
Pralinen und Trüffel
seit 1880
Pralinen
Schokolade
Trüffel
Marzipan
Nougat
Spezialitäten
Pasteten
Souvenirs
Geschenke
www.sawade.berlin
Sawade
Berlin
Pralinen und Trüffel
seit 1880
Zarenhappen
Ingwerblätter

Sawade
Berlin
Pralinen und Trüffel
seit 1880
Trüffel
Sawade
Berlin
Bitter
Sawade
Berlin
Gemischt

Frühstücken
IN 207 METERN HÖHE

Das Restaurant im Fernsehturm serviert ganztägig grandiose Ausblicke.

Wenn man schon morgens vor dem ersten Kaffee spürt, dass einem die ganze Stadt zu Füßen liegt, kann der Tag eigentlich nur gut werden. Ein solches Erlebnis bietet das Restaurant Sphere im Berliner Fernsehturm. Mit seinen imposanten 368 Metern ist der Fernsehturm am Alexanderplatz das höchste Gebäude Deutschlands. Der von 1965–1969 als Prestigeobjekt der DDR erbaute Turm ist inzwischen zum Wahrzeichen der Hauptstadt des wiedervereinigten Deutschland geworden. Er inspiriert Designer und Künstler, ziert Postkarten und Souvenirs jeglicher Art. Außerdem zählt er zu den größten Besuchermagneten. Die Berliner haben ihm den Spitznamen »Telespargel« verpasst. Doch eigentlich sollte der Turm mit seiner aufstrebenden Form und seiner silbrigen Kugel eher an eine Rakete oder an den sowjetischen Sputnik-Satelliten erinnern als an das Frühsommer-Gemüse.

In der Kugel des Fernsehturms befindet sich nicht nur die Aussichtsetage, die zum touristischen Pflichtprogramm gehört, sondern auch eine Restaurantebene. Hier startet man beispielsweise mit dem Frühstück »360° Berlin« in den Tag und belegt sein Brötchen mit Lachs, Nordseekrabben oder Käse. Es gibt auch eine vegane Frühstücksoption mit Avocado-Aufstrich, marinierten Champignons und anderen Leckereien. Während man diese genießt, lässt man die sensationelle Aussicht aus einer Höhe von 207 Metern auf sich wirken. Um den kompletten 360-Grad-Panoramablick zu erleben, muss man nicht einmal von seinem Platz aufstehen, denn das Drehrestaurant Sphere rotiert innerhalb einer Stunde gemächlich um die Turmachse.

Drehrestaurant Sphere im Berliner Fernsehturm, Panoramastr. 1a, 10178 Berlin, Tel. 030/247 57 50, www.tv-turm.de, Frühstück: tgl. 9–11 Uhr

GLÜCKSVERSTÄRKER

Um langes Anstehen zu vermeiden, empfiehlt es sich, vorab online ein sogenanntes »Restauranticket« für den Fernsehturmbesuch ohne Wartezeit (inklusive Tischreservierung) zu erwerben. Neben dem täglichen À-la-carte-Frühstück gibt es jeden ersten Sonntag im Monat ein großes Frühstücksbüfett sowie Brunch-Events zu besonderen Anlässen.

Eine Galerie FÜR CINEASTISCHE KUNST

Diese Videothek der besonderen Art macht Filmliebhaber glücklich.

Videotheken? Die gibt es noch? Ein gewisses Erstaunen darüber ist durchaus verständlich, denn die typischen Verleihgeschäfte, die in den 1980er- und 1990er-Jahren boomten, sind eine aussterbende Spezies. Doch die Filmgalerie Berlin war nie eine dieser typischen Videotheken. Und genau deshalb hat sie es geschafft, im Zeitalter der Streamingdienste zu überleben. Mit über 27 000 Titeln auf DVD, VHS und Blu-Ray zählt sie zu den größten Filmarchiven Deutschlands. In dieser Schatzkammer findet man quasi jeden Streifen, den man schon immer mal sehen wollte. Und viele, von denen man noch nie gehört hat. Hier gibt es Neuheiten und Klassiker, internationale, anspruchsvolle, preisgekrönte, rare, obskure und trashige Filme. Serienfans und Liebhaber spannender Dokumentationen kommen in der Filmgalerie ebenfalls auf ihre Kosten.

Von der kleinen Ladenfläche sollte man sich nicht täuschen lassen, denn in den Regalen vorne steht nur eine Auswahl. Einen Überblick über den Gesamtbestand bietet das Info-Terminal. Man kann aber auch das freundliche, fachkundige Team hinter dem Tresen nach seinem Wunschfilm fragen. Oder die umfangreiche Datenbank auf der Website der Filmgalerie durchsuchen.

Die silbrigen Scheiben, die man in der Filmgalerie bekommt, mögen zwar als gestrig gelten, doch von der enormen Verleihvielfalt können sich Onlineanbieter noch eine Scheibe abschneiden: Gemeinsam in den Regalen stöbern. Lange darüber reden, welchen Film man heute ausleiht. Dann einfach zwei DVDs mitnehmen – für das ganz persönliche Double Feature. Stolz mit den erbeuteten Filmen heimkehren und es sich auf dem Sofa bequem machen. Dieses schöne Ritual ist nur mit einer Offline-Videothek möglich. Zum Glück gibt es die Filmgalerie!

Filmgalerie Berlin, Invalidenstr. 148, 10115 Berlin, Tel. 030/23 45 79 11, www.filmgalerie-berlin.de, Mo–Sa 12–22, So 14–22 Uhr

Flohmärkte

TOP 5

1 **Trödelmarkt Arkonaplatz** Beliebter Flohmarkt mit Kiez-Flair in Berlin-Mitte. Hier gehen Anwohner auf Schatzsuche. Jeden Sonntag (10–16 Uhr) wird auf dem von Linden gesäumten Platz entspannt getrödelt.
www.troedelmarkt-arkonaplatz.de

2 **Berliner Trödelmarkt** Der Flohmarkt in der Straße des 17. Juni (Sa, So 10–17 Uhr) gilt als der älteste der Stadt. Zwischen allerhand Kitsch und Nepp verstecken sich auch wahre Glücksfunde.
www.berlinertroedelmarkt.com

3 **Kunst- & Trödelmarkt Fehrbelliner Platz** Der »Fehrbi« in Wilmersdorf wird samstags und sonntags von 10–16 Uhr zum Treffpunkt der Vintagefans. Hier findet man Kunst, Kleidung, Möbel und vieles mehr.
www.fehrbi.info

4 **Flohmarkt Boxhagener Platz** Schnäppchenjäger und Sammler lieben den Flohmarkt am »Boxi« (So 10–18 Uhr) in Friedrichshain.
www.facebook.com/FlohmarktBoxhagenerPlatz

5 **Nowkoelln Flowmarkt** Jeden zweiten Sonntag (10–17 Uhr) kann man über den Markt am Neuköllner Maybachufer bummeln. Besonders reizvoll: die lauschige Lage direkt am Landwehrkanal.
www.nowkoelln.de

Lauter glitzernde GLÜCKSBRINGER

Die Schmuckdesignerin Sabrina Dehoff entwirft tragbare Kunstwerke.

Dieses Schaufenster zieht Vorbeiflanierende magisch an. Außergewöhnliche Ketten, Ringe und Ohrringe funkeln in der Auslage. Beim Betrachten glänzen die Augen mit den Schmuckstücken um die Wette. »Kauf mich!«, »Trag mich!« scheinen sie einem zuzuflüstern. Und schon startet im Kopfkino der Film vom perfekten Abend, der vielleicht in einem tollen Restaurant, einer Bar oder in der Oper stattfinden könnte. Mit dabei sind natürlich die neuen Schmuckstücke, die am Hals, am Arm oder am Finger glitzern.

Das Berliner Schmucklabel, das diesen Haben-wollen-Effekt auslöst, wurde 2006 von der gelernten Modedesignerin Sabrina Dehoff gegründet. Ihre erste Kollektion »Little Helpers« bestand aus Goldkettchen mit verspielten Lederanhängern. Heute ist der Mode- und Echtschmuck von Sabrina Dehoff, der mit viel Liebe zum Detail in Berlin gestaltet wird, weltweit in über 70 ausgewählten Designläden erhältlich. Zu den Fans des Labels zählen Stars wie Beyoncé, Halle Berry oder Charlize Theron.

Sabrina Dehoff ist vor allem für ihre grafischen Designs und innovativen Materialkombinationen bekannt. Bestseller sind die Kordelarmbänder und die »Fox«-Schmuckstücke mit drei dreieckigen Kristallen, die einen stilisierten Fuchskopf bilden. Im Sabrina Dehoff Store ist nicht alles massives Gold, was auf den Tischen glänzt – und das ist auch gut so. Wäre jedes Stück hochlegiert und mit Diamanten statt mit Swarovski-Steinen besetzt, dann wären vor allem die opulenteren »Crystal«-Kollektionen unbezahlbar. Seit 2017 befindet sich der Store von Sabrina Dehoff in der Auguststraße in Berlin-Mitte, einer wichtigen Kunstmeile der Stadt. Das Schaufenster der Schmuckdesignerin passt ganz ausgezeichnet in das Galerienumfeld, denn jedes ihrer Stücke ist ein kleines Kunstwerk.

Dehoff Studio, Auguststr. 26a, 10117 Berlin, Tel. 030/97 00 41 60, www.sabrinadehoff.com, Mo–Sa 12–19 Uhr

Very british!

TEEGENUSS VOM FEINSTEN

Im Adlon wird der traditionelle Afternoon Tea stilvoll zelebriert.

Ein perfekt zubereitetes Kännchen Tee. Eine Etagere, gefüllt mit Leckereien wie Scones, Mini-Sandwiches und süßen Törtchen. Und dazu das besondere Ambiente eines legendären Luxushotels. Das klingt zwar eher nach einem Nachmittag in London, doch auch in Berlin kann man die exklusive Teezeremonie genießen, die einst dem britischen Adel vorbehalten war. Fans der feinen englischen Lebensart sind beim Afternoon Tea im Hotel Adlon Kempinski ganz in ihrem Element. Neben dem klassischen »Queen Victoria Afternoon Tea«, benannt nach der Königin, an deren Hof diese Zwischenmahlzeit erfunden wurde, stehen noch andere leckere Varianten zur Auswahl. So werden beim »Berliner Afternoon Tea« auch regionale Spezialitäten wie Buletten, Spreewaldgurken und Kalter Hund gereicht. Wer auf diesen exquisiten Glücksmoment mit seinem Gegenüber anstoßen möchte, kann sich für ein Afternoon-Tea-Upgrade in Form eines Glases Champagner entscheiden.

Dank der interaktiven Teekarte hat jeder Gast die Möglichkeit, verschiedenste Sorten des Teehauses Ronnefeldt zu betrachten, zu beschnuppern und zu befühlen, um anschließend seinen Lieblingstee zu wählen. Silberne Teekannen, edles Porzellan und das elegante Interieur des direkt am Brandenburger Tor gelegenen Traditionshotels bilden die ideale Kulisse für ein Tee-Erlebnis nach britischem Vorbild. An den Wochenenden wird der Afternoon Tea auf der Bel Etage serviert. Die begehrten Balkonplätze bieten einen schönen Blick auf das emsige Treiben in der Lobby. Für ein paar Stunden kann man sich hier wie ein Royal fühlen – oder zumindest wie ein Mitglied der Adelsfamilie aus der beliebten TV-Serie »Downton Abbey«.

Hotel Adlon Kempinski Berlin, Unter den Linden 77, 10117 Berlin, Tel. 030/226 10, www.kempinski.com/de/berlin/hotel-adlon, Afternoon Tea: tgl. 14.40–18 Uhr (Fr–So auf der Bel Etage, sonst in der Lobby Lounge)

GLÜCKSVERSTÄRKER

Besonders stimmungsvoll ist der Afternoon Tea in der Adventszeit im festlich geschmückten Hotel. Der Pianist, der die Teezeremonie stets musikalisch begleitet, spielt dann Weihnachtslieder. Apropos Weihnachten: Geschenkgutscheine für den Afternoon Tea im Adlon können auch online erworben werden.

Berliner Craft Beer, FRISCH AUS DEM BRAUKESSEL

Bei Lemke Berlin kann man die Vielfalt der Bier-Aromen erschmecken.

Unter den S-Bahn-Gleisen in Berlin-Mitte braut sich was zusammen. Und zwar schon seit 1999: In diesem Jahr eröffnete Oli Lemke sein erstes Brauhaus in einem der ausgebauten Stadtbahnbögen zwischen den Stationen Hackescher Markt und Alexanderplatz. Die historischen Viaduktbögen der Berliner Stadtbahntrasse sind wie gemacht für eine Gasthausbrauerei, denn ihre gemauerten Gewölbe schaffen eine urige, gemütliche Atmosphäre.

Was mit einer recht kleinen und selbst zusammengeschweißten Brauanlage begann, hat sich inzwischen zum erfolgreichen Berliner Bier-Imperium entwickelt. Dazu gehören drei Brauhäuser in bester Hauptstadtlage, eine eigene Flaschenabfüllung und eine große Fangemeinde. Das Stammhaus am Hackeschen Markt punktet mit seinem Stadtbahnbogen-Flair und einem kleinen, aber feinen Biergarten.

Schon lange bevor »Craft Beer« in aller Munde war, haben Oli Lemke und sein Team im Bahnbogen ihr handwerklich gebrautes Bier ausgeschenkt. Die Craft-Beer-Pioniere tüfteln unermüdlich an neuen Brauspezialitäten – und so ist das Lemke-Sortiment stetig gewachsen. Für noch mehr Abwechslung sorgen die Saisonbiere und limitierten Editionen. Liebhaber traditioneller Bierstile können das »Original« bestellen, ein Wiener Lager, das seit 1999 unverändert von Lemke Berlin gebraut wird. Ein Pilsner und ein deutsches Hefeweizen gehören ebenfalls zum Lemke-Portfolio. Wer seinen Geschmackshorizont erweitern möchte, hat die Wahl zwischen außergewöhnlichen Bierkreationen wie »030 Pale Ale«, »Spree Coast IPA« oder dem auf Eichenholz gereiften Weißbier namens »Berliner Eiche«. Bei einer Bierprobe verschafft man sich einen ersten Überblick. Wie schmeckt wohl eine Hopfenweiße? Einfach mal auspro-bier-en!

Brauhaus Lemke am Hackeschen Markt, Dircksenstr., S-Bahnbogen 143, 10178 Berlin, Tel. 030/24 72 87 27, www.lemke.berlin, tgl. 12–24 Uhr

030 PALE ALE
BIERSTIL
ALKOHOLGEHALT
ORIGINAL

Eine kleine Reise
IN DIE WELT DES DESIGNS

Im Hotel Ultra bekommt jeder ein Zimmer-Upgrade – für daheim

Wer einem Einrichtungsgeschäft den Namen »Hotel Ultra« gibt, muss damit rechnen, dass gelegentlich Reisende mit Koffer in der Tür stehen, die ein Zimmer für die Nacht suchen. Das freundliche Team an der Rezeption trägt es mit Fassung, denn der Überraschungseffekt beim Betreten des Ladens ist durchaus gewollt.

Hotel Ultra ist das, was man auf Neudeutsch einen Concept-Store nennt. Im Mittelpunkt dieses speziellen Konzepts steht ein fiktives Hotel. Auf den ersten Blick erinnern die Räume in der Torstraße tatsächlich an eine charmante Pension: Es gibt einen Empfangstresen mit Rezeptionsklingel und ein Schlüsselbrett an der Wand. Eine gemütliche Sitzecke wie in der Hotellobby und einen eleganten Gepäckwagen im Stil eines Grandhotels entdeckt man hier ebenfalls. Was fehlt, sind die Zimmer zum Übernachten. Im Hotel Ultra kann man zwar nicht wohnen, aber schöne Dinge für die eigene Wohnung kaufen.

Statt der Hotelzimmer gibt es Ausstellungsboxen, die Designprodukte beherbergen. Dieses Hotel der besonderen Art bietet Möbeln und Wohnaccessoires eine temporäre Unterkunft – bis ein Kunde sein Lieblingsstück mit nach Hause nimmt. So herrscht in den Regalen ein reges Kommen und Gehen. Wie Hotelgäste sind auch die Produkte aus allen Ecken der Welt angereist: Eine Sitzbank aus England gesellt sich zu einer türkischstämmigen Stehleuchte. Die italienische Vase macht es sich neben einer skandinavischen Leuchte bequem. Das Stöbern im Hotel Ultra macht auch deshalb großen Spaß, weil man hier spannende Entwürfe kleiner Designlabels findet, die es anderswo nicht gibt. Ein weiterer Grund, im Hotel Ultra einzuchecken: Das Café hinten im Laden ist ein schöner Ort für eine Verschnaufpause während des Einkaufsbummels.

Hotel Ultra, Torstr. 155,
10115 Berlin,
Tel. 030/27 58 11 00,
www.hotelultra.de,
Mo–Sa 11.30–19.30 Uhr

+d
310 311 312
210 211 212

Versteckte Oase IM HINTERHOF

Das Chén Chè vereint Teekultur mit vorzüglicher vietnamesischer Küche.

Berlin ist bekannt für seine Hinterhöfe, in denen sich viel Spannendes entdecken lässt. Nur ein paar Schritte von den denkmalgeschützten Hackeschen Höfen entfernt verbirgt sich hinter einem der schlichteren Hofeingänge in der Rosenthaler Straße das Teehaus Chén Chè. Der Hofeingang wirkt von außen so unspektakulär, dass potenzielle Laufkundschaft oft ahnungslos vorbeiläuft.

Wer den Hof betritt, sieht den mit Bambus bepflanzten Vorgarten des Chén Chè und taucht beim Durchschreiten der Tür in eine andere Welt ein. Hier warten exotische Gerüche, asiatische Papierleuchten und bunte Sitzkissen. Der hektische Großstadtalltag ist plötzlich ganz weit weg.

Im Winter ist das Teehaus ein toller Ort, um sich mit einer frisch aufgebrühten Spezialität von der beeindruckenden Teekarte zu wärmen. Im Sommer lockt die grüne Oase des Chén-Chè-Gartens. Feine Speisen aus Nordvietnam werden in Tontöpfen, Bambuskörben oder hübschen Porzellanschälchen serviert. Auch süße Sünden aus der hauseigenen Bäckerei wie der Zwergbananenkuchen mit Erdnuss-Schokocreme tragen zur Ausschüttung von Glückshormonen bei.

Chén Chè, Rosenthaler Str. 13,
10119 Berlin, Tel. 030/28 88 42 82,
www.chenche-berlin.de,
tgl. 12–24 Uhr

Hochprozentiger

GENUSS MIT TRADITION

Eine Spirituosenmanufaktur lädt zur Verkostung – Zeitreise inklusive.

Handgemachte »Craft«-Spirituosen liegen im Trend. Kleine Brennereien wurden vielerorts neu gegründet, um alte Handwerkskunst zu beleben oder sich an neue Rezepturen zu wagen. In Berlin gibt es neben den »jungen Wilden« unter den Destillateuren aber auch Traditionsunternehmen, die Hochprozentiges schon seit jeher handwerklich produzieren.

Mit viel Historie kann die Preußische Spirituosen Manufaktur aufwarten, denn ihre Wurzeln reichen bis ins Jahr 1874 zurück. Zu Zeiten von Kaiser Wilhelm I. nannte sie sich noch »Versuchs- und Lehranstalt für Spiritusfabrikation«. Heute werden in der Manufaktur im Wedding feinste Spirituosen, Geiste, Brände und Liköre aus handverlesenen Rohstoffen hergestellt. Die Getränke reifen in alten Steingutgefäßen und werden in kleinen Mengen per Hand abgefüllt. Beim Hofverkauf kann man Spezialitäten wie den Adler Gin vor Ort verkosten und zu günstigeren Preisen erwerben. Prozente gibt's hier nicht nur im Glas!

Preußische Spirituosen Manufaktur,
Seestr. 13, 13353 Berlin,
Tel. 030/45 02 85 37,
www.psmberlin.de, Mo–Fr 11–19 Uhr

GLÜCKSVERSTÄRKER

Die Manufaktur, die bis heute im Originalzustand von 1874 erhalten geblieben ist, dient zugleich als Museum. Bei einer Führung erfährt man viel Spannendes über die Geschichte und das Handwerk.

Grenzenlos glücklich IN DER BERNAUER STRASSE

Wo einst die Mauer stand, kann man nun ungeteilte Freude empfinden.

Glücksmomente müssen nicht laut, bunt oder schillernd sein. Manche von ihnen kommen ganz still und leise daher. Einen solchen Moment kann man am ehemaligen Grenzstreifen in der Bernauer Straße tagtäglich erleben. Wer an der Tram-Station »U Bernauer Straße« aussteigt und schnurstracks zur südlichen Brunnenstraße läuft – vielleicht in Eile, vielleicht mit Einkaufstaschen in der Hand – kommt an einem breiten Grünstreifen vorbei. Aus dem Augenwinkel sieht man spielende Kinder, einen Hund mit Stöckchen oder ein paar Spaziergänger mit Sonnenbrille und Kaffeebecher. Dann fällt der Blick auf die rostroten Stelen, die aus der Rasenfläche emporragen. Oder auf eine der Markierungen, die in den Gehweg eingelassen wurden. Plötzlich wird einem wieder bewusst, was einem eigentlich schon längst klar war: Dass genau hier die Berliner Mauer stand. Und dass man gerade mit wenigen raschen Schritten den einstigen Todesstreifen überquert hat.

Traurige Berühmtheit erlangte die Bernauer Straße durch den Mauerbau ab 1961 und durch die Schicksale der Menschen, deren Leben während der Teilung Berlins drastisch verändert oder zerstört wurden. Mit dem Namen dieser Straße verbindet man verzweifelte Fluchtversuche. Man denkt an die Fluchttunnel, die hier gegraben wurden, und an die Anwohner, die sich aus Grenzhäusern abseilten. Die Bernauer Straße erinnert aber auch an das Ende der Teilung und an die große Freude, die Euphorie, die mit dem Mauerfall einherging. An der Bernauer Straße, Ecke Ackerstraße, begann man im Juni 1990 damit, die Mauer abzureißen. Ein Streifen der Stadtlandschaft, der 28 Jahre lang als unüberwindbar galt, gehört heute wieder ganz selbstverständlich zum Alltag der Menschen – als Arbeitsweg, Spazierweg oder grüne Oase. Grund genug, hier kurz innezuhalten und sich glücklich und dankbar zu fühlen.

Bernauer Straße, 10115 Berlin

GLÜCKSVERSTÄRKER

Am ehemaligen Mauerstreifen entlang der Bernauer Straße ist die Geschichte der geteilten Stadt noch sichtbar und spürbar. Die Gedenkstätte Berliner Mauer ist eine knapp eineinhalb Kilometer lange Erinnerungslandschaft, zu der ein erhaltenes Stück der Grenzanlagen, eine Außenausstellung und ein Besucherzentrum gehören.

www.berliner-mauer-gedenkstaette.de

Mirakel und Matcha
IM HOUSE OF SMALL WONDER

Eine verwunschene Wendeltreppe
führt ins kulinarische Wunderland.

Auf große Wunder wartet man oft lange, doch es gibt auch die kleinen Wunder des Alltags, die es zu genießen gilt. Um diese geht es im House of Small Wonder. Schon die Lage des beliebten Café-Restaurants sorgt für Verwunderung: Es versteckt sich in der ersten Etage eines unscheinbaren Bürogebäudes. Im Erdgeschoss wird man von einer Collage aus Grünpflanzen und Vintage-Fundstücken begrüßt. Eine Wendeltreppe führt ins gemütliche, lichtdurchflutete Restaurant.

Die Kombination von recyceltem Holz, Shabby-Chic-Möbeln und Blumenampeln ergibt jenen selbstgezimmerten Look, den man mit dem kreativen Berlin verbindet. Dabei stammt das Konzept aus dem New Yorker Szeneviertel Williamsburg. Dort eröffnete 2010 das erste House of Small Wonder. In der Berliner Dependance treffen regionale Zutaten auf amerikanisch-japanische Fusionsküche. Ein wahres Wundermittel gegen Morgenmuffeligkeit ist das »Brunch Set«, eine Art Frühstücks-Baukasten. Nachmittags locken Matcha Latte (Grüntee mit aufgeschäumter Milch) und hausgemachte Kuchen wie der Earl Grey Chiffon Cake. Wundervoll!

House of Small Wonder,
Johannisstr. 20, 10117 Berlin,
Tel. 030/27 58 28 77,
www.houseofsmallwonder.de,
tgl. 9–23 Uhr

Ein kleines, aber FEINES SHOPPINGPARADIES

Die Mulackstraße beglückt Fashionistas und Designliebhaber.

Glück kann man zwar nicht kaufen, doch bei einer Shoppingtour können durchaus Glücksgefühle aufkommen. Vor allem dann, wenn keine Einkaufsliste abgearbeitet werden muss. Bummeln, stöbern, die Schaufensterauslagen bewundern, sich einfach mal treiben und inspirieren lassen – das klappt besonders gut in den Einkaufsstraßen nördlich des Hackeschen Marktes. Alte und Neue Schönhauser Straße sowie Weinmeister- und Münzstraße sind inzwischen fest in der Hand der internationalen Labels: Flagship-Stores namhafter Modemarken reihen sich aneinander.

Wer etwas Spannenderes entdecken möchte, löst sich vom Besucherstrom – und zugleich vom Mainstream – und begibt sich in die Seitenstraßen. Dass man in der Mulackstraße schön shoppen kann, hat sich zwar auch schon herumgesprochen, aber Gedränge gibt es hier nicht. Die schmale Straße war einst als »Mulackritze« bekannt. In der gleichnamigen Kneipe und den benachbarten Scheunenviertel-Gassen trieben Kleinkriminelle ihr Unwesen. Doch die wilden Zeiten der 1920er-Jahre sind längst vorbei.

Heute findet man in der Mulackstraße Concept-Stores, jene Gemischtwarenläden, die sich durch ihren Mix an schönen Dingen auszeichnen: Kleidung, Schmuck, Kosmetik, Vasen und vieles mehr. Sehr sehenswert: der Baerck Store (Mulackstr. 12), der die Möbel des Berliner Designstudios llot llov verkauft. Farbenfrohe Mode aus Berlin gibt es bei Starstyling (Nr. 15), edle Papierwaren in den beiden winzigen R.S.V.P.-Läden (Nr. 14 und Nr. 26). Beim Mädchenitaliener-Superbazaro (Nr. 1) kann man eine hübsche Kleinigkeit wie eine Haarspange, Servietten oder italienische Schokolade ergattern. Es sind doch oft die kleinen Dinge, die glücklich machen: kleine Seitenstraßen, kleine Läden, kleine Mitbringsel.

Mulackstraße, 10119 Berlin, www.baerck.net, www.starstyling.net, www.rsvp-berlin.de, www.maedchenitaliener.de

GLÜCKSVERSTÄRKER

Shopping macht hungrig. Wer sich zwischendurch stärken möchte, genießt eine japanische Nudelsuppe bei Iimori Ramen (Nr. 29), bestellt frische Sommerrollen bei Manngo (Nr. 29) oder probiert einen der Matcha-Kuchen im Café Mamecha (Nr. 33). Fantastische Pasta gibt es im Mädchenitaliener-Restaurant (Ecke Alte Schönhauser Str.).

Stilvoll brunchen im BRUTALISTISCHEN BETONBAU

Das Baldon im Lobe Block trifft den Geschmack von Architekturfans.

Der Wedding kommt! Diese Aussage hat sich zum Running Gag entwickelt. Schon seit etwa zwei Jahrzehnten wird prophezeit, dass der Problemkiez im Norden der Stadt drauf und dran ist, zum angesagten Szeneviertel zu werden. In manchen Ecken des Wedding haben sich zwar Künstler, Hipster, interessante Cafés oder Shops angesiedelt, aber aus den einzelnen kreativen Funken ist noch kein Flächenbrand geworden.

Das könnte sich aber bald ändern, denn in der bisher eher unscheinbaren Böttgerstraße steht seit 2018 eine neue Architekturikone, die Neugierige aus anderen Bezirken und Besucher aus aller Welt in den wilden Wedding lockt. Brandlhuber + Emde, Burlon haben mit Muck Petzet Architekten ein extravagantes Gebäude aus rohem, unverkleidetem Beton errichtet. Von Sichtbeton spricht man im Deutschen, im Französischen von »Béton Brut«. Der Lobe Block vom Architektenteam um Arno Brandlhuber ist ein neuartiges Terrassenhaus, das mit seiner Materialwahl und seinen geometrischen Formen an Bauten des Brutalismus erinnert. Zum Atelierhaus für Kunst- und Kreativschaffende gehören auch ein Yoga-Studio, ein Nachbarschaftsgarten und ein spannendes Gastronomiekonzept.

Das Baldon im Erdgeschoss des Lobe Blocks will zugleich Restaurant, Bar, Kantine für die hier ansässigen Unternehmen und Ausstellungsraum sein. Architekturliebhabern dürfte die Kombination aus Sichtbeton-Ästhetik, imposanter Deckenhöhe, minimalistischer Möblierung und exquisiten Speisen besonders schmecken. Samstags lädt das Baldon zum Brunch mit vielfältigen süßen und herzhaften Leckereien ein. Ob »Armer Ritter« oder »Eier im Glas« – die Baldon-Version der Frühstücksklassiker ist stets außergewöhnlich. Ebenso wie das Bauwerk, in dem sich das Restaurant befindet.

Baldon, Lobe Block, Böttgerstr. 16, 13357 Berlin, Tel. 030/64 46 44 72, www.baldon.berlin, www.lobe.berlin, Brunch: Sa 11–16 Uhr

Ein Stück Glück AUS REINEM KASCHMIR

Schals und andere Lieblingsteile vom Modelabel Lala Berlin

Auf der Suche nach einem flauschigen, luxuriösen Berlin-Reiseandenken zieht es viele Modeliebhaberinnen in die Alte Schönhauser Straße im Bezirk Mitte. Dort findet man den Flagship-Store des Labels Lala Berlin, das sich weit über die Landesgrenzen hinaus enormer Beliebtheit erfreut. Gegründet wurde die Modemarke 2004 von der Designerin Leyla Piedayesh, die aus Teheran stammt, in Deutschland aufwuchs und nun in Berlin zu Hause ist. Sie gehört zu einer Generation junger Designer, die Anfang des neuen Jahrtausends mit ihren kreativen Entwürfen Berlins Ruf als Modestadt in die Welt hinaustrugen. Mit der Bread & Butter und der Premium kamen große Modemessen an die Spree, und seit 2007 findet zweimal im Jahr die Berliner Fashion Week statt. Viele der kleinen Modelabels, die zur Zeit des Fashion-Booms wie die Pilze aus dem Boden schossen, sind inzwischen wieder von der Bildfläche verschwunden.

Lala Berlin zählt aber zu den Erfolgsgeschichten »made in Berlin«. Leyla Piedayesh ist das gelungen, wovon andere nur träumen können: Die Selfmade-Frau, die mit selbst gestrickten Accessoires startete, ist binnen weniger Jahre zu einer der wichtigsten deutschen Modemacherinnen geworden. Aus dem Berliner Hinterhof-Atelier hat sich ein international agierendes Unternehmen entwickelt – mit Verkaufsstellen rund um den Globus und prominenten Fans wie Claudia Schiffer, Cameron Diaz oder Heidi Klum. Als Markenzeichen für Lala Berlin gelten hochwertiger Strick, coole Prints und ein Mix aus Extravaganz und Understatement. Kultstatus erreichte der Kufiya-Print, inspiriert vom Muster arabischer Kopftücher, der viele Lala-Berlin-Entwürfe ziert – vom Sommerkleid über den Schal bis hin zu Strandtüchern, Taschen, Kissen und Plaids.

Lala Berlin, Alte Schönhauser Str. 3, 10119 Berlin, Tel. 030/20 09 53 63, www.lalaberlin.com, Mo–Fr 11–19, Sa 10.30–19 Uhr

GLÜCKSVERSTÄRKER

Ein Must-have von Lala Berlin ist der Schal »Triangle«. Er ist in diversen Farben Mustern und Größen erhältlich. Das Accessoire aus edlem Kaschmir hat seinen Preis, kann aber über viele Jahre für Glücksmomente sorgen, wenn es beim Winterspaziergang oder im kühlen ICE-Abteil wärmt.

Exklusives Dinner
IM SHABBY-CHIC-AMBIENTE

In der Fabrik 23 trifft gehobene Küche auf runtergerocktes Mobiliar.

Berlins Hinterhöfe haben so manche Überraschung auf Lager. Das gilt auch für das Hoflabyrinth eines über 100 Jahre alten Fabrikgebäudes in der Weddinger Gerichtsstraße. Philipp und Bettina Gertner, die Gründer der Fabrik 23, haben mehrere der heruntergekommenen Fabriketagen in eine außergewöhnliche Eventlocation verwandelt. Sechs individuell gestaltete Lofts sind auf dem Gelände entstanden, die für Fotoproduktionen, Firmenevents, Workshops oder private Feiern gemietet werden können. Dabei lautete das Motto: Bloß nicht glatt sanieren!

Möglichst viel von der historischen Bausubstanz und dem charmanten Industrieflair sollte erhalten bleiben. Wände blieben oft unverputzt und statt brandneuer Designmöbel zogen Fundstücke vom Flohmarkt und Upcycling-Mobiliar in die Lofts. Am Anblick dieser spannenden Kulisse können sich eigentlich nur Firmenkunden und deren Gäste erfreuen. Doch seit 2019 gibt es die Möglichkeit, im Rahmen exklusiver Fine-Dining-Events nicht nur die Räume der Fabrik 23 zu sehen, sondern auch in den Genuss der Kochkünste von Küchenchef Guido Vinci zu kommen.

»Mangiare and Co.« heißt das kulinarische Konzept des Wahlberliners, der früher in der Sternegastronomie Italiens zu Hause war und heute mit seinen eigenen Interpretationen italienischer Klassiker auf sich aufmerksam macht. Der Gegensatz zwischen rauem, industriell geprägtem Umfeld und feinen, raffinierten Speisen macht den Reiz eines solchen Dinnerabends aus. Man sitzt an Tafeln, die aus Holzdielen gezimmert wurden, und unter Deckenleuchten, die in ihrem früheren Leben Straßenlaternen waren. Auch an alten Kupfertöpfen können sich Vintage-Liebhaber sattsehen, während sie das Sechs- oder Sieben-Gänge-Menü genießen.

Fabrik 23 / Mangiare and Co., Gerichtstr. 23, Hof 4, Aufgang 4, 13347 Berlin, Tel. 030/65 83 76 95, Termine und Anmeldung unter www.fabrik23.com

Urlaubsfeeling auf DER GREENWICHPROMENADE

Flanieren, Dampfer fahren und Fisch essen wie an der Küste.

Eben noch im Berliner Untergrund – und schon auf der sonnigen Seepromenade. Der Tegeler See ist ein wunderbarer Ort für einen Kurzurlaub, der auch mit den öffentlichen Verkehrsmitteln gut zu erreichen ist. Mit der U 6 fährt man zur nördlichen Endhaltestation Alt-Tegel und bummelt dann ganz entspannt die kleine Straße namens Alt-Tegel hinunter bis zum Seeufer. Hier reihen sich Restaurants, Cafés und Eisdielen aneinander. Die Tische auf den Terrassen und Bürgersteigen sind im Sommer meistens gut gefüllt.

Wer schon Lust auf eine Erfrischung hat, holt sich im Vorbeigehen ein paar Kugeln to go bei Crème de la Crème auf der rechten Straßenseite. Die in diesem Eiscafé angebotenen, verführerischen Sorten stammen von Florida Eis aus Spandau, einer traditionsreichen Manufaktur. Mit Eistüte in der Hand geht es weiter, am Kirchplatz vorbei, zur Greenwichpromenade.

An manchen Tagen weht einem die frische Seebrise schon entgegen, bevor man einen Fuß auf die breite Uferpromenade gesetzt hat. Das Wasser glitzert in der Sonne, weiße Segel bewegen sich im Wind und futterneidische Schwäne stolzieren zwischen den Spaziergängern. Man fühlt sich wie in einem Kurort am Meer. Vielleicht sogar wie in einem englischen Seebad, denn hier steht eine typisch britische, rote Telefonzelle neben einem roten Briefkasten. Seit 1966 sind London-Greenwich und der Berliner Bezirk Reinickendorf, zu dem der Ortsteil Tegel gehört, Partnerbezirke. So kam die Seepromenade zu ihrem Namen.

GLÜCKSVERSTÄRKER

Zu einem maritimen Ausflug gehört selbstverständlich auch ein gutes Fischessen. Im Restaurant Fisherman's an der Greenwichpromenade gibt es leckere Fischgerichte: vom Eintopf über den Matjesteller bis zum raffinierten Menü. Wenn das Wetter mitspielt, genießen Sie diese am besten auf der Terrasse mit Seeblick.

Fisherman's,
Eisenhammerweg 20, 13507 Berlin,
www.fishermans-berlin.de

Zwischen Borsigdamm und Tegeler Hafen kann man nach Herzenslust am Wasser entlang flanieren oder sich auf einer der Bänke niederlassen. Schon vor über 100 Jahren war das Lustwandeln an Berlins zweitgrößtem See, der eigentlich eine Ausbuchtung der Havel ist, eine beliebte Freizeitbeschäftigung der Berliner. Ein schöner Aussichtspunkt ist die Tegeler Hafenbrücke, auch bekannt als »Sechserbrücke«, da Passanten beim Überqueren einst einen Brückenzoll zahlen mussten.

Neben der Brücke befindet sich eine Minigolfanlage mit Bootsvermietung. Hier warten diverse Ruder- und Tretboote auf all diejenigen, die den Tegeler See und seine sieben Inseln von der Wasserseite aus erkunden möchten. Wer ein größeres Schiff bevorzugt, geht zur Dampferanlegestelle an der Greenwichpromenade. Verschiedene Reedereien bieten hier Seerundfahrten und längere Ausflugsfahrten an – nach Oranienburg, zum Wannsee, ins Berliner Regierungsviertel oder sogar bis nach Potsdam und Werder.

Greenwichpromenade, Nordostufer des Tegeler Sees zwischen Borsigdamm und Tegeler Hafenbrücke, 13507 Berlin

Schweizer Spezialität ZUM DAHINSCHMELZEN

Im Nola's am Weinberg schmeckt das Käsefondue besonders gut.

Geschmolzener Käse kann definitiv glücklich machen. Vor allem dann, wenn er in Form eines leckeren Fondues aufgetischt wird. In der grauen, nasskalten Jahreszeit träumt man sich entweder in wärmere Gefilde – oder dorthin, wo ein Wintertag viel zauberhafter aussieht: in die Schweiz. Verschiedene Berliner Restaurants servieren jenes aromatische, zähflüssige Nationalgericht aus der Alpenrepublik, in das man Brotwürfel stippen kann.

Ein sehr authentisches Käsefondue-Erlebnis bietet das Nola's am Weinberg. Schon von der Speisekarte lächelt einem charmantes Schwyzerdütsch entgegen. Ein Wörterbuch wird zum Glück nicht benötigt, denn die Erklärungen auf Hochdeutsch stehen direkt darunter. Im Schweizer Restaurant Nola's gibt es allerhand landestypische Spezialitäten wie Rösti oder Zürcher Geschnetzeltes, doch der absolute Klassiker und Publikumsliebling ist das Fondue. Zubereitet wird es im Nola's nach hauseigenem Rezept aus Greyerzer und Freiburger Vacherin von Schweizer Käsereien. Der Mix aus zwei Käsesorten ist bereits mit Chasselas-Wein abgeschmeckt, wenn er auf den Tisch kommt. Die De-luxe-Variante wird zusätzlich mit schwarzem Trüffel verfeinert.

Das Nola's am Weinberg ist auch deshalb die ideale Kulisse für einen Käsefondue-Abend, weil es auf einem Berg liegt. Der Weinberg ist zwar nur ein sanfter, grüner Hügel, doch dank der Hanglage bieten das Restaurant und seine Panoramaterrasse einen schönen Ausblick auf die Liegewiese und den Teich des Volksparks am Weinberg. Das Interieur mit Backsteinwänden, Holzskiern an der Wand und Kerzenlicht trägt ebenfalls zum Berghütten-Feeling bei. Wer nach dem reichhaltigen Fondue ein »Verdauerli« bestellt, hat anschließend vielleicht noch Lust auf die sündhaft süße Toblerone-Mousse.

Nola's am Weinberg, Veteranenstr. 9, 10119 Berlin, Tel. 030/44 04 07 66, www.nola.de, tgl. 10–1 Uhr

GLÜCKSVERSTÄRKER

Wie wäre es mit einem Fondue-Abend im kleineren Kreis? Auf der Terrasse des Nola's stehen echte Gondeln einer Seilbahn aus dem Engadin, die einst Wintersportler auf den Berg gebracht haben. Nun sind sie gemütlich eingerichtet, beheizt und bieten Platz für maximal sechs Fondue-Fans. Mitten in Berlin-Mitte fühlt man sich plötzlich wie im Skiurlaub!

Berlinsouvenirs FÜR FORTGESCHRITTENE

Entwürfe von s.wert begeistern auch Einheimische und Designliebhaber.

Wer glückliche Momente in der Hauptstadt erlebt hat, wünscht sich ein Andenken, ein Stück Berlin zum Mitnehmen. Doch die oft lieblose Gestaltung klassischer Souvenir-Massenware entspricht nicht unbedingt dem eigenen Geschmack. Das Berliner Designlabel s.wert zeigt dagegen, dass Stil und Souvenir durchaus miteinander vereinbar sind.

Hinter den s.wert-Entwürfen steckt die studierte Architektin Sandra Siewert, die Berliner Bauten und urbane Landschaften in modernes Grafikdesign verwandelt. So entstehen Poster, Frühstücksbrettchen, Kissen, Postkarten, Taschen und viele weitere Produkte, die Designliebhabern und Architekturbegeisterten gefallen. Neben berühmten Sehenswürdigkeiten wie Fernsehturm und Funkturm werden auch weniger beachtete Gebäude zum Motiv der s.wert-Designs: DDR-Plattenbauten oder vernachlässigte Architekturperlen der Nachkriegsmoderne. Während die Silhouetten mancher Berliner Landmarken auf den ersten Blick zu erkennen sind, wurden andere Bauwerke so stark abstrahiert, dass man etwas länger rätseln muss. So manche »funky Fassade« ist schon von Sandra Siewert in ein minimalistisches grafisches Muster transformiert worden. Auch Neuzugänge im Stadtbild wie das Futurium, die James-Simon-Galerie oder das Hochhaus Upper West sind bereits in der s.wert-Kollektion verewigt.

Unweit des Rosenthaler Platzes findet man den Showroom von s.wert. Das Betrachten der bunten Produktpalette wirkt wie eine Farbtherapie und kann an einem grauen Tag spontan die Stimmung heben. Über die von Berliner Orten und Bauten inspirierten Designs freuen sich übrigens nicht nur Touristen: Auch Lokalpatrioten, waschechte Berliner und Zugezogene hängen sich gerne ihren persönlichen Lieblingsort als s.wert-Kunstwerk an die Wand.

s.wert design, Brunnenstr. 191, 10119 Berlin, Tel. 030/40 05 66 55, www.s-wert-design.de, Mo–Fr 11–19, Sa 11–18 Uhr

Jahn Sport Park
MARZAHN
Berlin
HANSAVIERTEL
BERLIN

Datscha
Nandi
Allee
Ebers-
walder Str.
Kultur-
brauerei
Allee
Popkornditorei
Knalle
Sammlung
Industrielle
Gestaltung
Schönhauser
Ernst-
Thälmann-
Park
Danziger
Str.
Kollwitzstr.
Prenzlauer
Stadtbad
Oderberger
Str.
Wins-
str.
str.
Sene-
felder-
pl.
The Hidden
Metzer Str.
Hufeland-
str.
Greifswalder
Bötzow-
Brauerei
Bötzow-
Friedrichshain
Am
Prenzlauer Berg
Volkspark
Friedrichshain
Cowshed Spa
Moll-
O.-Braun-Str.
Friedenstr.
Friedhof der
Märzgefallenen
Landsberger Allee
Richard-Sorge-Str.
str.
Palisaden-
Frieden-
str.
Karl-
Marx-
Allee
Auerstr.
Computerspiele-
museum
Petersburger
Str.
Studio
Galerie
Warschauer
Str.
Boxhagener
Grünberger Str.
Wühlischstr.

Der Osten

Neben den beliebten Wohn- und Ausgehvierteln Prenzlauer Berg und Friedrichshain mit ihren inzwischen größtenteils durchsanierten Altbauten, zahlreichen Cafés, Bars, Shops und Clubs hat der Osten Berlins auch jede Menge Grün zu bieten. Gourmet-Popcorn verkosten, Seilbahn fahren, exotische Tiere und Pflanzen bestaunen, auf der Industriebrache Kaffee trinken, am Hafen Fisch futtern oder um den größten See der Stadt laufen: All das ist in den östlichen Bezirken möglich – und natürlich noch viel mehr.

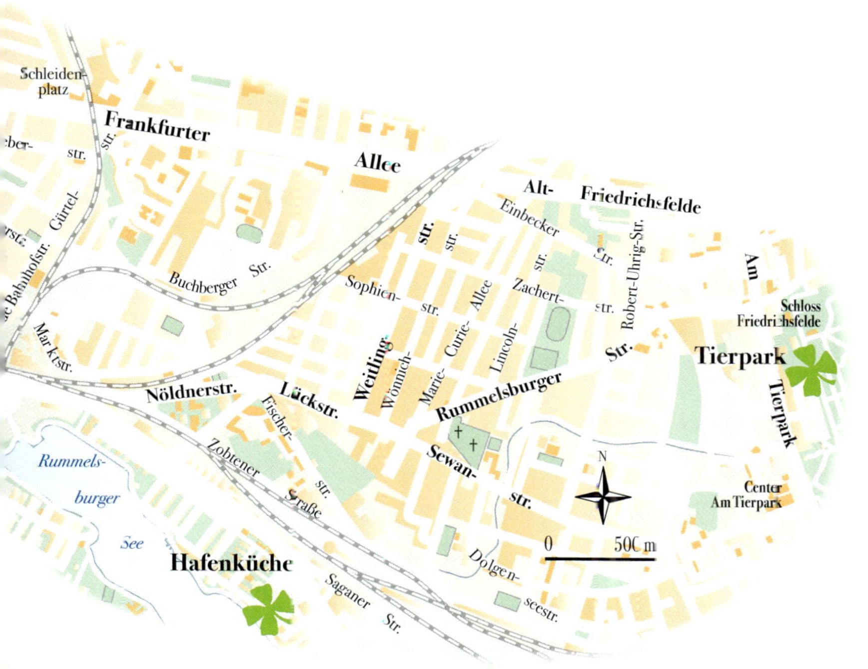

Kreative und KÖSTLICHE POP-ART

In der Popkornditorei Knalle werden Maissnacks für Genießer gebacken.

Süß oder salzig? An diese Frage haben sich Kinogänger schon gewöhnt. Egal, wie man antwortet, das Resultat wird im großen Eimer serviert und schmeckt oft recht fade. Die Gründer des Berliner Start-ups Knalle waren überzeugt davon, dass man aus Maiskörnern auch etwas Spannenderes zaubern kann. Und so begannen sie damit, in ihrer Versuchsküche an neuartigen Rezepturen zu tüfteln. Seit 2016 gibt es nun schon das Gourmet-Popcorn von Knalle, in ausgefallenen Sorten wie »Butterkaramell Tahiti-Vanille«, »Malabar-Pfeffer Meersalz« oder »Tonkabohne Kokos«. Das klingt vielleicht etwas durchgeknallt, schmeckt aber absolut großartig.

»Popkorndtorei« steht über der Tür des Knalle-Ladens in Prenzlauer Berg, und tatsächlich kommt das Popcorn hier aus dem Ofen. Zuerst wird der aus Südfrankreich stammende Mushroom-Mais aber ohne Fett luftgepoppt. Anschließend wird das fluffige, runde Popcorn karamellisiert, mit feinsten Zutaten veredelt und auf dem Blech knusprig gebacken. Außergewöhnliche Geschmackskompositionen, hochwertige Ingredienzen und die liebevolle Handarbeit machen Knalle-Popcorn zu einem Snack für Feinschmecker.

Neugierige, die den Laden betreten, werden sogleich zur Popcorn-Verkostung eingeladen. Wer mag, darf sämtliche Geschmacksrichtungen probieren. Es ist eigentlich immer eine Sorte dabei, in die man sich spontan verknallt. Süß oder salzig? Die Antwort lautet hier: süß und salzig, pfeffrig, würzig, herb, fruchtig, nussig, schokoladig und immer wieder überraschend. Neben den einzelnen Popcorn-Tüten werden auch »Sixpacks« angeboten. Wenn man möchte, kann man seine Einkäufe in einem der eigens designten Knalle-Stoffbeutel nach Hause tragen, die mit originellen Sprüchen wie »Mais Mais Baby« bedruckt sind.

Knalle Popkorndtorei, Raumerstr. 32, 10437 Berlin, Tel. 030/42 14 39 97, www.knalle.berlin, Mo–Fr 14–19, Sa 11–18 Uhr

GLÜCKSVERSTÄRKER

Neben den Knalle-Bestsellern, die immer verfügbar sind, gibt es auch saisonale Varianten wie die Frühlingssorte »Lavendelblüte Grapefruit«, die Sommersorte »Earl Grey Limette« oder die Herbstsorte »Kandierte Walnuss Ahornsirup«. Diese Sondereditionen sind immer nur für begrenzte Zeit erhältlich. Wer sie knuspern möchte, sollte sich beeilen!

Entspannt kochen
WIE MIT FREUNDEN

Daniel's Eatery: Kochkurse im familiären Wohnzimmerambiente

Gemeinsam am Herd stehen, werkeln, köcheln, brutzeln, lachen – am besten mit einem Glas Wein in der Hand: So stellt man sich einen gemütlichen Kochabend mit Freunden vor. Wenn einem dann auch noch ein Profi zur Seite steht, der Tipps und Tricks parat hat und für ein schmackhaftes Ergebnis sorgt, ist das Küchenglück perfekt.

Einen solchen Abend kann man im kulinarischen Projektraum »The Hidden« in Prenzlauer Berg erleben. Hier schwingt Daniel Grothues den Kochlöffel und bietet Kurse in kleinen Gruppen an. Die Atmosphäre ist locker und ungezwungen. Auch wenn die Teilnehmer eines »Daniel's Eatery«-Kochkurses bunt zusammengewürfelt sind, verfliegt anfängliches Fremdeln meist schon nach dem Begrüßungsgetränk. Oder spätestens beim Zubereiten des ersten Gangs. Teamarbeit schweißt zusammen.

Zum Wohlfühlambiente trägt aber auch die Umgebung bei: The Hidden besteht aus einer Küche mit Esszimmer und ist so wohnlich eingerichtet, dass man glaubt, sich in einem privaten Zuhause zu befinden. Daniel führt als charmanter Gastgeber durch den Abend und vermittelt sein umfangreiches Wissen, ohne zu dozieren. Hier dürfen auch Kochanfänger munter mitschnippeln, und wer den Wiegeschnitt noch nicht perfekt beherrscht, muss sich nicht schämen. Die Themen der Kochkurse sind vielfältig und reichen von »Clean Eating Basics« bis »Das Perfekte Dinner«.

Daniels persönlicher Favorit ist der Kurs »New York, New York!«, denn die Menüfolge wurde von seiner Lieblingsstadt inspiriert: Waldorf Salat, NY Strip Steak, Mac'n'Cheese. Zum Nachtisch gibt es »Cronut«, eine Kreuzung aus Croissant und Donut. Nach dem Kochen werden die Leckereien am großen Esstisch gemeinsam genossen und dabei wird über das Leben philosophiert – ganz wie daheim im Freundeskreis.

The Hidden by Daniel's Eatery,
Heinrich-Roller-Str. 8, 10405 Berlin,
Tel. 01 70/184 99 37,
www.danielseatery.com,
www.thehidden-berlin.com

43
43

Reisemitbringsel

AUS ALLER WELT

Bei Nandi gibt es handgefertigte Wohnaccessoires, Mode und Schmuck.

Nomen est omen – das gilt auch für den charmanten, kleinen Laden, den die Freundinnen Leonie Arau und Vanessa Engelkes 2016 in Prenzlauer Berg eröffnet haben. Er heißt Nandi, und dieses Sanskrit-Wort bedeutet »Der Glückliche«. Was die beiden Gründerinnen glücklich macht, sind einzigartige Produkte, die jeweils eine ganz eigene Geschichte erzählen und liebevoll von Hand hergestellt werden. Ein Besuch im Nandi Concept Store, in dem Leonie und Vanessa ihre aus allen Ecken der Welt zusammengetragenen Schätze präsentieren, macht wiederum die Nandi-Kunden happy.

In den Regalen des Stores versammeln sich schöne Dinge wie handgewebte Körbe aus Afrika, peruanische Alpakawolldecken aus den Anden, Keramikteller aus Portugal oder gemusterte Kimonos, die auf Bali genäht werden. Dazu gesellen sich Taschen aus Mexiko, Sandalen aus Marokko und Vasen aus dem Iran. Bei der Herstellung dieser besonderen Stücke kommen oft traditionelle Handwerkstechniken, einfache Webstühle oder urige Öfen zum Einsatz. Sie erinnern an ferne Länder und andere Kulturen und verleihen dem eigenen Zuhause – oder dem eigenen Outfit – den begehrten Globetrotter-Look. »Ethno-Chic« und »Boho-Style« erfreuen sich schon seit Jahren großer Beliebtheit. Wer gerade selbst nicht die Möglichkeit hat, rund um den Globus zu jetten, kauft seine Traumreise-Andenken einfach bei Nandi.

Die beiden Ladenbesitzerinnen bringen nicht nur Lieblingsstücke von ihren Reisen mit, sie entwerfen auch eigene Produkte, die sie von Werkstätten in Peru oder Indonesien herstellen lassen. Die von Hand gefertigten Nandi-Unikate sind oft nicht hundertprozentig glatt und perfekt. Aber gerade diese kleinen Schönheitsfehler machen sie ausgesprochen sympathisch und liebenswert.

Nandi Concept Store, Dunckerstr. 11, 10437 Berlin, Tel. 030/22 46 49 22, www.nandistore.com, Mo, Do–Sa 11–19 Uhr

GLÜCKSVERSTÄRKER

Bei Nandi shoppt man mit gutem Gewissen, denn Leonie und Vanessa haben sich nicht nur auf handgemachte Produkte spezialisiert, sie legen auch viel Wert auf natürliche Materialien, nachhaltige Fertigung und faire Entlohnung der Handwerker. Mit dem Kauf eines Nandi-Produkts unterstützt man kleine Familienbetriebe oder Frauenkooperativen.

Auf zwei Kufen
INS GLÜCK SCHLITTERN

Das beste Rezept gegen den Winterblues: Eislaufen in Berlin

Bewegung an der frischen Luft kann auch in den Wintermonaten für Glücksmomente sorgen. Es kommt nur auf die richtige Sportart an. Ein Gute-Laune-Tipp lautet: Endlich mal wieder Schlittschuhlaufen gehen! An kalten, klaren Tagen, wenn die Eisfläche in der Sonne glitzert, macht es besonders viel Spaß, ein paar Runden zu drehen. Wer auf zwei Kufen über das gefrorene Wasser gleitet, glaubt zu schweben – ein fantastisches Gefühl!

In milden Wintern kann man zwar lange darauf warten, dass die Berliner Seen zufrieren, doch glücklicherweise gibt es eine große Auswahl an künstlichen Eisbahnen und Eisstadien in der Stadt, die alljährlich ihre Pforten öffnen. Zwischen Oktober und März ist in Berlin Schlittschuhsaison. Dann begeben sich Eissportfans im Weddinger Erika-Heß-Stadion oder im Wilmersdorfer Horst-Dohm-Stadion nur allzu gerne aufs Glatteis. Auch die Eisbahn Lankwitz in grüner Vorstadtlage erfreut sich großer Beliebtheit. Gemütlich im Kreis herumfahren, sich im Rhythmus der Musik bewegen, mit dem Partner einen Walzer tanzen oder waghalsige Pirouetten und Sprünge ausprobieren: Auf den Berliner Eisbahnen können Neulinge, Wiedereinsteiger und erfahrene Läufer das coole Freizeitvergnügen ausgiebig genießen.

Mit besonders idyllischer Kulisse punktet der Eisstrand im Seebad Friedrichshagen. Die 600 Quadratmeter große Eisbahn liegt direkt am Seeufer und bietet einen traumhaften Ausblick auf den Großen Müggelsee. Jetzt fehlt nur noch ein heißer Glühwein, der hier ebenfalls ausgeschenkt wird, und das Winterglück ist perfekt.

Erika-Heß-Eisstadion, Müllerstr. 185, 13353 Berlin, Tel. 030/46 90 79 55

Horst-Dohm-Eisstadion, Fritz-Wildung-Str. 9, 14199 Berlin, www.horst-dohm-eisstadion.de

Eisbahn Lankwitz, Leonorenstr. 37, 12247 Berlin, www.eisbahn-lankwitz.de

Eisstrand Friedrichshagen, Müggelseedamm 216, 12587 Berlin, www.eisbahn-berlin.de

GLÜCKSVERSTÄRKER

So mancher, der sich vorsichtig an der Bande entlanghangelt, träumt davon, leichtfüßig und glamourös über das Eis wirbeln zu können wie die großen Kufenstars. Anfänger oder Fortgeschrittene, die in entspannter Atmosphäre ihren Fahrstil verbessern wollen, melden sich einfach bei einem Kurs der »ungewöhnlichen Eislaufschule« an.

www.eislaufschule.de

Weihnachts-märkte

TOP 5

1 Weihnachts-Zauber Gendarmenmarkt Einer der schönsten Plätze der Stadt, umrahmt von historischen Bauten, verwandelt sich alljährlich in eine Weihnachtswunderwelt. Der perfekte Ort für einen Glühwein-Umtrunk!
www.weihnachtsmarkt-berlin.de

2 Lucia Weihnachtsmarkt Stimmungsvoller Markt in den Höfen der Kulturbrauerei, der von den skandinavischen Ländern inspiriert wurde. Hier gibt es Glögg, Met und Smørrebrød.
www.lucia-weihnachtsmarkt.de

3 Weihnachtsmarkt vor dem Schloss Charlottenburg Märchenhafte Kulisse für einen Weihnachtsmarktbummel: Schloss und Schlossplatz werden in der Adventszeit festlich illuminiert.
www.wvdsc.de

4 Umwelt- und Weihnachtsmarkt in der Sophienstraße Kleiner, aber feiner Markt, der trotz zentraler Mitte-Lage einen beinahe dörflichen Charme versprüht.
www.weihnachtsmarkt-sophienstrasse.de

5 Spandauer Weihnachtsmarkt Das traditionsreiche Fest lockt Besucher aus allen Bezirken in die Altstadt Spandau. Highlight: der Mittelaltermarkt an der Kirche St. Nikolai.
www.spandauer-weihnachtsmarkt.de

Baden in Erinnerungen AN FRÜHERE ZEITEN

Im Stadtbad Oderberger kann man schwimmen, speisen und übernachten.

Wenn man heute in der Oderberger Straße gemächlich seine Bahnen zieht, kann man sich kaum noch vorstellen, dass das Schwimmbecken des Stadtbads mal 30 Jahre lang trocken und ungenutzt dalag. Die einstige Volksbadeanstalt wurde zwischen 1898 und 1902 nach Plänen des Architekten Ludwig Hoffmann errichtet. Im Jahr 1986 schloss das Bad, weil Risse im Boden des Beckens entstanden waren.

Während sich eine Bürgerinitiative für den Erhalt des altehrwürdigen Gemäuers einsetzte und Sanierungspläne geschmiedet wurden, musste das Stadtbad als temporäre Location für diverse Kulturveranstaltungen herhalten. In den imposanten, aber baufälligen Räumen, in denen der Putz von den Wänden bröckelte, wurden Kunstausstellungen, Modenschauen und Partys veranstaltet. Auf dem Boden des trockengelegten Schwimmbeckens wurde nächtelang getanzt. Für solche kreativen Zwischennutzungen leer stehender, historischer Bauten ist Berlin bekannt.

2012 begann die denkmalgerechte Restaurierung. Aus dem Stadtbad wurde ein Boutiquehotel mit 70 Zimmern, zwei Apartments, Restaurant und Kaminbar. Und aus der Schwimmhalle wurde ein Hotelpool. Seit 2016 kann man hier wieder baden und dabei die Neorenaissance-Architektur bewundern. Die Halle mit ihren Bogengängen erinnert an das Hauptschiff einer Kirche. Nicht nur Hotelgäste kommen in den Genuss, jeder kann ein Schwimmbad-Ticket erwerben. Gefeiert wird hier auch heute noch, aber nicht mehr im, sondern auf dem Schwimmbecken: Dank eines Hubbodens kann das Becken für Events bestuhlt werden.

GLÜCKSVERSTÄRKER

Das Restaurant Oderberger befindet sich im ehemaligen Heizkraftwerk des Stadtbads und bietet anspruchsvolle, moderne deutsche Küche im Industrie-Ambiente.

Hotel Stadtbad Oderberger, Oderberger Str. 57, 10435 Berlin, Tel. 030/780 08 97 60, www.hotel-oderberger.berlin

Eine Hauptstadt, VIELE KLEINE DÖRFER

In seinem eigenen Kiez ist der Berliner am glücklichsten.

Zu groß, zu unübersichtlich, zu anonym? Touristen und Neu-Berliner fühlen sich von der Millionenmetropole manchmal ein wenig überfordert. Wer mehr Zeit in Berlin verbringt, merkt irgendwann, dass diese Stadt nicht nur aus zwölf Bezirken, sondern aus ganz vielen kleinen Dörfern besteht. Was dem New Yorker seine Hood, ist dem Berliner sein Kiez: ein Mikrokosmos innerhalb der Großstadt und eine Welt für sich.

Dem Ur-Berliner wird oft nachgesagt, dass er »aus seinem Kiez nicht rauskommt«. Und dafür gibt es gute Gründe. Jedes dieser Stadtviertel hat seine eigene Infrastruktur mit Läden, Kneipen, Cafés, Sportstudios und Ärzten. Hier findet man alles, was man zum Leben braucht. Die Berliner Kieze sind meist nach einer Einkaufsstraße oder einem zentralen Platz benannt. So gibt es den Graefekiez rund um die Graefestraße und den Helmholtzkiez am Helmholtzplatz.

Wenn man mit der Verkäuferin im Bäckerladen erst ausführlich über das Wetter spricht, bevor sie die Schrippen über den Tresen schiebt, wenn der Postbote freundlich winkt und der Lieblingsitaliener einen namentlich begrüßt, dann weiß man, dass man angekommen ist in seinem Kiez. Der eigene Kiez ermöglicht Berlinern das, was sonst eher mit dem Dorfleben assoziiert wird: ein wohliges Gefühl von Gemeinschaft, Zugehörigkeit, Heimat.

Blini, Borschtsch UND REICHLICH WODKA

Russische Speisen genießen im gemütlichen Ferienhaus-Ambiente.

Die Datscha, also das Häuschen im Grünen, ist für die meisten Russen eine ganz persönliche Glücks- und Wohlfühloase. Ein Rückzugsort, an dem man sich vom Alltag erholen kann. An diese traditionellen Ferienhäuser erinnert das bunt zusammengewürfelte Mobiliar des Restaurants Datscha in Prenzlauer Berg. Retrotapete und Lampenschirme aus Omas Zeiten schaffen eine behagliche Atmosphäre. Auch im Magen breitet sich ein warmes Glücksgefühl aus, wenn man sich die deftigen Speisen schmecken lässt.

Im Datscha wird »russische Küche mit modernem Twist« serviert. Das heißt unter anderem, dass die traditionellen Teigtaschen namens Wareniki auch mit außergewöhnlichen Zutaten wie Rote Bete und Pflaumen gefüllt werden. Als Vorspeise kommen Borschtsch, Soljanka oder Blini auf den Tisch. Neben Hauptgerichten mit Fleisch gibt es viele vegetarische Optionen. Spätestens nach dem Genuss eines der üppigen, süßen Desserts wird es Zeit für einen Wodka.

Restaurant Datscha,
Stargarder Str. 24, 10437 Berlin,
Tel. 030/28 43 93 99,
www.datscha.de, tgl. 10–1 Uhr,
weitere Filialen in Friedrichshain und Kreuzberg

Die Geisterstadt IM PLÄNTERWALD

Bei der Spreepark-Tour wird man zum Entdecker einer verwunschenen Welt.

Aus dem Dickicht blitzen Relikte alter Fahrgeschäfte hervor. Hier liegen gestrandete Schwanenboote, dort blickt man ins offene Maul einer zähnefletschenden Raubkatze. An anderer Stelle hängen rostige, rote Gondeln zwischen den Zweigen wie Früchte eines exotischen Baums. Wo einst fröhliche Familien Achterbahn fuhren und Zuckerwatte naschten, breitet sich seit Jahrzehnten der Wildwuchs aus. Es ist eine Szenerie wie aus einem Endzeitfilm: ein bisschen gespenstisch, aber auch aufregend und irgendwie poetisch.

Das ehemalige Vergnügungspark-Gelände im Treptower Plänterwald hat schon viel erlebt. 1969 wurde hier der Kulturpark als Volkseigener Betrieb der DDR eröffnet. Der »Kulti« mit seinem 45 Meter hohen Riesenrad und vielen weiteren Attraktionen war ein Besuchermagnet. Nach der Wende übernahm ihn ein privater Investor, der den Kulturpark in einen Freizeitpark nach westlichem Vorbild verwandeln wollte. Im Jahr 1992 öffnete der neu getaufte Spreepark seine Tore. Dieser konnte jedoch nicht genug zahlendes Publikum anlocken. Das Gelände begann zu verwahrlosen, nachdem der Betreiber 2001 insolvent ging. Soweit die Kurzfassung der recht abenteuerlichen Spreepark-Story.

Das verlassene Freizeitpark-Gelände wurde von der Natur zurückerobert und erfreut sich als »Lost Place« erneut großer Beliebtheit. 2014 hat das Land Berlin das Areal zurückgekauft, und seit 2016 arbeitet die landeseigene Grün Berlin GmbH – gemeinsam mit Planungsbüros und interessierten Bürgern – an einem Konzept für eine neuartige Parkanlage, die Kunst, Kultur und Natur vereint. In der Zwischenzeit können Neugierige den faszinierenden Spreepark im Rahmen von geführten Touren erkunden und sich im Infopavillon über die Zukunftspläne informieren.

Spreepark, Kiehnwerderallee 1–3, 12437 Berlin, Infos und Tickets für die öffentlichen Führungen: www.gruen-berlin.de/spreepark

GLÜCKSVERSTÄRKER

Mit seinem morbiden Charme zieht der Spreepark Abenteuerlustige, Künstler, Fotografen und Filmteams magisch an. Wer mehr über die spannende Geschichte des Areals erfahren möchte, sollte sich den preisgekrönten Dokumentarfilm »Achterbahn« von Peter Dörfler (2009) ansehen. Sehr informativ ist auch die Spreepark-Fanseite *www.berliner-spreepark.de.*

Ein Heimathafen
FÜR SCHLEMMER UND SKIPPER

In Rummelsburg futtert man Fish & Chips mit Blick auf die Marina.

So sieht ganz großes Hafenkino aus: Wenn die Freizeitkapitäne in der Citymarina ihre mehr oder weniger geglückten Ablege- und Anlegemanöver vorführen, sitzt man im Biergarten der Hafenküche in der ersten Reihe. Natürlich mit einem Sundowner in der Hand. Die besten Kapitäne hocken bekanntlich immer an Land. »Hafenkante« nennt sich der Außenbereich des Restaurants in Rummelsburg. Frischluft liebende Gäste nehmen entweder oben auf der Terrasse oder eine Etage tiefer, direkt neben den Stegen des Jachthafens Platz.

Die Hafenküche liegt an der Spree, bei Kilometer 23,9 des Hauptstadt-Flusses. Während die Geschmacksknospen mit vorzüglichen Speisen und Getränken beschäftigt sind, erfreut sich das Auge am sensationellen Ausblick. Man schaut auf den Hafen, die Spree, vorbeifahrende Boote, die Rummelsburger Bucht. Aber auch auf die Halbinsel Stralau, die Insel der Jugend und den Plänterwald auf der anderen Flussseite. Ein Besuch in der Hafenküche lässt sich wunderbar mit einem Spaziergang entlang des Uferwanderwegs an der Rummelsburger Bucht verbinden. Wer im Osten der Stadt wohnt oder arbeitet, kann spontan nach Feierabend in der Hafenküche vorbeifahren.

An schönen Sommerabenden spürt man hier lange die warmen Sonnenstrahlen auf der Haut, beobachtet anschließend den Sonnenuntergang und fühlt sich gleich wie im Urlaub. So mancher Berliner ist ein echter Seebär und möchte am liebsten jede freie Minute in Wassernähe verbringen. Hauptstädter und Berlinbesucher, die sich nach der Küste sehnen, genießen das maritime Ambiente in der Hafenküche. Dazu passen auch die knusprig-leckeren Fish & Chips, die hier auf der Karte stehen. Und ein kühles »Atlantik-Ale« der Marke Störtebeker.

Hafenküche, Zur Alten Flussbadeanstalt 5, 10317 Berlin, Tel. 030/422 19 92 99, www.hafenkueche.de, Mo–Fr ab 10, Sa, So ab 9 Uhr, Tram 21 (Gustav-Holzmann-Straße)

GLÜCKSVERSTÄRKER

Wenn man die fröhlich schaukelnden Schiffe im Hafen betrachtet, bekommt man Lust, sich selbst aufs Wasser zu begeben. Zum Glück ist in der Citymarina auch der Bootsverleih Spreeboote zu finden. Hier kann man ein Boot – mit oder ohne Skipper – mieten. Einen prall gefüllten Picknickkorb für die Seefahrt liefert die Hafenküche.

www.spreeboote.de

Die Kunst DES SCHENKENS

In dieser Galerie findet man besondere Dinge für besondere Menschen.

Ein gelungenes Geschenk macht happy – und zwar nicht nur den Beschenkten. Schon beim Aussuchen einer kleinen Gabe für einen lieben Menschen können Glücksgefühle aufkommen. Am schönsten ist es, wenn man beim Überreichen ein freudestrahlendes Gesicht sieht. »Du bist einzigartig!« – diese Botschaft soll das Präsent übermitteln. Das gelingt am besten, wenn auch das Geschenk selbst einzigartig ist, ein Unikat.

Eine wahre Fundgrube für besondere Einzelstücke, die man wunderbar verschenken kann, ist die Studio Galerie Berlin in Friedrichshain. Die Galerieräume sind gefüllt mit vielfältigen Arbeiten von etwa 70 verschiedenen Künstlern, Kunsthandwerkern und Werkstätten. An den Wänden und in den Vitrinen warten handgefertigte Schmuckstücke, Keramiken, Bronzen oder Grafiken darauf, entdeckt zu werden. Das Tolle dabei ist: Hinter jedem Objekt steckt eine spannende Geschichte. Um diese Geschichten zu hören, spricht man einfach mit dem freundlichen, fachkundigen Galerie-Team, das die Künstler persönlich kennt.

Seit 2015 wird die Studio Galerie von Jan Linkersdorff und Susanne Bartel geführt. Die renommierte Galerie für angewandte Kunst gibt es aber bereits seit 1975. Schon zu DDR-Zeiten war die Studio Galerie für ihr außergewöhnliches Portfolio und ihre Werkschauen mit Arbeiten namhafter Künstler wie Hedwig Bollhagen bekannt. Auch heute gibt es regelmäßig Sonderausstellungen, um einzelne Kunstschaffende wie den Keramiker Martin Möhwald in den Mittelpunkt zu stellen. Handgefertigte, individuelle Stücke und »Craft«-Produkte jeglicher Art stehen in unseren schnelllebigen Zeiten wieder hoch im Kurs. Insofern trifft die traditionsreiche Studio Galerie mit ihrem Sortiment absolut den Zeitgeist.

Studio Galerie Berlin, Frankfurter Allee 36a, 10247 Berlin, Tel. 030/291 08 50, www.studio-galerie-berlin.de, Di–Fr 10–19, Sa 10–16 Uhr

GLÜCKSVERSTÄRKER

Auf der Suche nach einem besonderen Weihnachtsgeschenk? Jedes Jahr in der Adventszeit wird die Studio Galerie zum Weihnachtsmarkt für Kunsthandwerk. Hier findet man auch festliche Dekorationen für die eigene Wohnung wie Kerzenhalter, Pyramiden, Weihnachtsmänner und Engel.

Kurzurlaub auf der GRÜNEN INSEL IN DER SPREE

Die Treptower Insel der Jugend ist ein citynaher Erholungsort.

Reif für die Insel? Wie wäre es mit einem kleinen Urlaub auf der Insel der Jugend? Sie hat zwar keine Kokospalmen oder weißen Sandstrände zu bieten, ist aber ein perfekter Ort, um der Hektik des Alltags für einige Stunden zu entfliehen. Während tropische Trauminseln nur mit dem Flugzeug zu erreichen sind, reist man ganz komfortabel mit dem Auto, dem Fahrrad oder der S-Bahn nach Treptow.

Wer vom S-Bahnhof Treptower Park kommt, kann auf dem Weg zur Insel den gleichnamigen Volkspark erkunden, der in der zweiten Hälfte des 19. Jahrhunderts vom Lenné-Schüler Gustav Meyer gestaltet wurde. Zu den Sehenswürdigkeiten zählen der Rosengarten, das Sowjetische Ehrenmal und die Archenhold-Sternwarte. Wandert man auf der Uferpromenade in Richtung Osten, so kann man die Insel der Jugend gar nicht verfehlen. Hinter dem Traditionslokal Zenner erblickt man das malerische Eiland in der Spree und die elegant geschwungene Abteibrücke mit den Brückenhaus-Türmchen. Ein echtes Postkartenmotiv!

Der Brückenbogen verbindet die 1,8 Hektar große Insel der Jugend mit dem Festland. Diesen Namen erhielt sie übrigens erst 1949, denn zu DDR-Zeiten zog ein Jugendclub ins Brückenhaus. Zuvor war sie als Rohr-Insel, Neu-Spreeland oder Abteiinsel bekannt. Heute ist die Insel der Jugend vor allem eine grüne Oase mit schattigen Plätzen zum Picknicken und Entspannen. Es gibt hier einen Biergarten direkt am Wasser und ein vielfältiges Veranstaltungsprogramm, das vom Kulturhaus Insel Berlin organisiert wird.

Insel der Jugend, Kulturhaus Insel Berlin und Inselgarten, Alt-Treptow 6, 12435 Berlin, www.inselberlin.de

GLÜCKSVERSTÄRKER

Auf der Insel befindet sich auch der Heimathafen des Bootsverleihs Kanuliebe. Mit den hübschen, handbemalten Kanus oder den nostalgischen Tretboot-Oldtimern kann man gemütlich über die Spree schaukeln.

www.kanuliebe.com

Mit der Seilbahn ZUM GIPFEL DES KIENBERGS

Über den Baumwipfeln schweben und auf einer weißen Wolke wandeln.

Seit 2017 gibt es im Osten der Stadt eine neue Attraktion, die im wahrsten Sinne des Wortes zum Höhepunkt eines Berlin-Aufenthalts werden kann. Berlins erste Kabinenseilbahn ist anlässlich der Internationalen Gartenausstellung in Betrieb gegangen. Die IGA hat ihre Pforten zwar längst wieder geschlossen, doch einige der Sehenswürdigkeiten, die auf dem Gelände rund um den Kienberg entstanden sind, bleiben dem Bezirk Marzahn-Hellersdorf auch zukünftig erhalten. Die Talstation »Kienbergpark« ist bequem mit der U-Bahnlinie 5 zu erreichen.

Besucher staunen meist nicht schlecht, wenn sie vor der großen Station stehen, aus der die Kabinen hinausgleiten, denn im platten Nordosten der Bundesrepublik sind Seilbahnen eine Seltenheit. Das Unternehmen LEITNER ropeways, das die Kabinenbahn betreibt, baut auch Seilbahnanlagen in bergigen Regionen und berühmten Skigebieten. Auch wenn der 102 Meter hohe Kienberg nicht mit den Bergriesen der Alpen mithalten kann, ist die Fahrt auf seinen Gipfel ein tolles Erlebnis. In einer der 64 Kabinen schwebt man über das Wuhletal und den Kienbergpark und genießt den wunderbaren Ausblick. Manche Kabinen sind sogar mit Glasfußboden ausgestattet.

Wer noch höher hinaus will, steigt an der Bergstation aus und erklimmt das skulpturale Aussichtsbauwerk Wolkenhain, das mit leichter, schwebender Optik seinem Namen alle Ehre macht. »Janz Berlin is eene Wolke!« möchte man vor Freude rufen, wenn man auf der Aussichtsplattform steht und den Panoramablick auf sich wirken lässt. Danach fährt man den Berg zur anderen Seite hinunter und erreicht mit der Talstation »Gärten der Welt« den Eingang der gleichnamigen Parkanlage (siehe Seite 82).

Station Kienbergpark, Hellersdorfer Str. 149, 12619 Berlin, Betriebszeiten der Seilbahn (jahreszeitenabhängig): www.seilbahn.berlin, U-Bahnstation Kienberg (Gärten der Welt)

GLÜCKSVERSTÄRKER

Neben der Bergstation und dem Wolkenhain wartet noch ein weiteres besonderes Erlebnis auf abenteuerlustige Ausflügler: die Natur-Bobbahn. Mit bis zu 40 km/h kann man in einem Bob sitzend den Kienberg hinabflitzen. Es werden auch Kombitickets für die Fahrt mit der Seilbahn und der Natur-Bobbahn angeboten.

Eine Weltreise
GANZ OHNE JETLAG

Die Gärten der Welt bieten Naherholung und lindern das Fernweh.

Wer ferne Länder entdecken, fremde Kulturen kennenlernen und an exotischen Pflanzen schnuppern will, fährt einfach nach Berlin-Marzahn. Schnell mal von Brasilien nach Südafrika und nach einem kurzen Zwischenstopp in Thailand weiter nach Australien: Was nach einer ziemlich strapaziösen Reise klingt, ist in den Gärten der Welt ein gemütlicher Spaziergang. Die einzigartige Parkanlage setzt sich aus verschiedensten Themengärten, Gartenkabinetten, weitläufigen Wiesen und mäandernden Wegen zusammen. Für die Berliner Gartenschau (BEGA), die im Jahr 1987, also noch zu DDR-Zeiten, in Ost-Berlin stattfand, wurden der Park und die ersten Gärten angelegt. Im Zuge eines anderen Gartenfestivals, der IGA Berlin 2017, wurden die Gärten der Welt umgebaut und erweitert.

Am besten reist man mit der Seilbahn (siehe Seite 80) an. Dann kann man die 43 Hektar große Parklandschaft bereits aus der Vogelperspektive betrachten, bevor man einen Fuß auf das Gelände setzt. Zur internationalen Gartenkunst werden hier auch Speisen und Getränke serviert. Erst lustwandelt man im Italienischen Renaissancegarten, dann genehmigt man sich eine Portion Pasta auf der Terrasse des Restaurants Giardino Verde. Später gibt es Scones und Earl Grey im Cottage des Englischen Landschaftsgartens. Oder doch lieber einen grünen Tee im Teehaus des Chinesischen Gartens? Ein Besuch der Gärten der Welt fühlt sich an wie ein erholsamer Kurzurlaub – und zugleich wie eine aufregende Fernreise.

GLÜCKSVERSTÄRKER

Für weitere Glücksmomente sorgen die vielfältigen Veranstaltungen in den Gärten der Welt: Vom Kirschblütenfest im Frühling über die sommerlichen Open-Air-Konzerte bis zum spektakulären Lasershow-Event im Rahmen des Berliner Festival of Lights im Herbst.

Gärten der Welt, Blumberger Damm 44, 12685 Berlin,
Tel. 030/700 90 67 20, tgl. ab 9 Uhr,
www.gaertenderwelt.de

Zoobesuch mit
SCHLOSS UND BLUMENMEER

In Friedrichsfeldes grüner Oase
bekommen Mensch und Tier viel Auslauf.

Zwei Fernsehtürme, zwei Kongresshallen, zwei Volksbühnen, zwei Zoos: Aufgrund der Teilung der Stadt nach dem Zweiten Weltkrieg gibt es in Berlin vieles doppelt. Heute hat man die Wahl, ob man lieber den Ost-Zoo, den West-Zoo oder beide besucht. Jeder der beiden Zoologischen Gärten Berlins kann mit eigenen Vorzügen und allerlei Superlativen auftrumpfen.

Der Tierpark Berlin im Osten der Stadt gilt mit seiner enormen Fläche von 160 Hektar als größter Landschaftstiergarten Europas. Er entstand in den 1950er-Jahren auf dem Gelände des Friedrichsfelder Schlossparks, der einst vom Gartenkünstler Peter Joseph Lenné gestaltet worden war. Bei einem Tierparkbesuch kann man nicht nur seine fast 9000 charismatischen Bewohner näher kennenlernen, sondern auch stundenlang durch breite Alleen, Wälder und gepflegte Parkanlagen wandern, die weitläufigen Großgehege bewundern, botanische Besonderheiten entdecken und das Schloss Friedrichsfelde besichtigen. Die grüne Naherholungsoase am östlichen Stadtrand ist vor allem eines: tierisch vielfältig.

Tierpark Berlin, Am Tierpark 125, 10319 Berlin, Tel. 030/51 53 10, www.tierpark-berlin.de, Öffnungszeiten jahreszeitenabhängig (siehe Website), U 5 Tierpark

Auf Zeitreise gehen
IN DER ALTSTADT KÖPENICK

Geschichtsträchtiger Stadtbummel an den Ufern von Dahme und Spree

So schön das Leben in einer pulsierenden, inspirierenden Metropole wie Berlin auch ist, manchmal sehnt sich der Großstädter nach der Ruhe einer Kleinstadt und träumt davon, durch romantische Altstadtgassen mit Fachwerkhäusern flanieren zu können. In Berlin muss man nicht einmal weit fahren, wenn man ein solches Kleinstadtidyll erleben möchte. Im Südosten liegt der Ortsteil Köpenick, der mit seinem gut erhaltenen Altstadtkern und seinen vielen Sehenswürdigkeiten Tagesausflügler herbeilockt.

Die Köpenicker Altstadt befindet sich an der Mündung der Dahme in die Spree und wird an drei Seiten von den beiden Flüssen umspült. Zum besonderen Reiz dieses Ortes trägt auch die grüne, wasserreiche Umgebung bei. Köpenick war lange eine eigenständige Stadt, die eine über 800-jährige Geschichte vorweisen kann, und gehört erst seit 1920 zu Berlin. Beim Bummel über das Kopfsteinpflaster der historischen Altstadt fühlt man sich oft in die Vergangenheit zurückversetzt.

Es gibt viel zu entdecken: die Schlossinsel mit Barockschloss und Schlosspark, die St.-Laurentius-Stadtkirche, den Fischerkietz mit seinen liebevoll restaurierten Fischerhäusern. Und natürlich das Rathaus, das durch den Hauptmann von Köpenick berühmt wurde, einen Antihelden, wie er im Buche steht. Wer diesem Halunken, der 1906 die Stadtkasse klaute, schon immer mal auf die Schulter klopfen wollte, bekommt hier die Gelegenheit: Sein Ebenbild aus Bronze steht vor dem Rathaus und ist zum beliebten Selfiemotiv avanciert. Viele Wege führen nach Köpenick. Der entspannteste ist der Wasserweg: Vom Hafen Treptow gelangt man mit dem Fahrgastschiff direkt an die Uferpromenade der Köpenicker Altstadt.

Altstadt Köpenick, Touristeninformation Berlin Treptow-Köpenick: Alt-Köpenick 31–33, 12555 Berlin, Tel. 030/65 48 43 48, www.tkt-berlin.de, Anreise mit dem Schiff: www.sternundkreis.de

GLÜCKSVERSTÄRKER

In der Altstadt Köpenick gibt es viele charmante Restaurants und Cafés. Direkt an der Uferpromenade befindet sich der Garten des Altstadtcafés Cöpenick. Neben fantastischen Torten wird hier von Kellnerinnen mit Schürzen und Häubchen auch eine ordentliche Portion Nostalgie serviert.

www.altstadtcafe.de

Ruderfähre UND RÄUCHERFISCH

Das alte Fischerdorf Rahnsdorf ist im Sommer ein tolles Ausflugsziel.

Ausflügler, die zum ersten Mal das alte Fischerdorf Rahnsdorf am östlichen Ufer des Müggelsees besuchen, sind meist ziemlich überrascht, wenn sie die Fähre der Linie F 24 erblicken. Zuerst geht es aber über Kopfsteinpflaster vorbei an der Dorfkirche. In einem Hof gackern Hühner. Obwohl Rahnsdorf innerhalb der Stadtgrenzen liegt, fühlt man sich hier wie auf dem Land: »jwd«, also »janz weit draußen«, würde der Berliner sagen.

Um weiter am Müggelsee entlangspazieren zu können, muss man bei Rahnsdorf die Müggelspree überqueren, und zwar mit der Fähre F 24, die zum Netz der Berliner Verkehrsbetriebe gehört. Am Anleger in der Kruggasse wartet kein großes Schiff auf seine Fahrgäste, sondern ein kleines Ruderboot namens »Paule III«. Für die Überfahrt mit der einzigen per Muskelkraft betriebenen Fähre der Stadt benötigt man nur ein Kurzstrecken-Ticket der BVG. Bis zu acht Personen finden auf der Fähre Platz.

Nach gut 30 Metern, zwölf Ruderschlägen und einer Fahrzeit von fünf Minuten ist das Ziel erreicht: die Station Spreewiesen. Bereits seit 1911 gibt es die traditionsreiche Fährverbindung. Sie wird von Ausflüglern genutzt, die Rad- oder Wandertouren rund um den Müggelsee unternehmen. Auch Anwohner können sich mithilfe der Fährlinie weite Umwege sparen und haben sowohl die kultige Ruderfähre »Paule III« als auch die freundlichen Fährmänner ins Herz geschlossen.

Fährlinie F 24, Station Kruggasse, 12589 Berlin, www.bvg.de, Saisonbetrieb: Anfang Mai–Anfang Oktober, Sa, So 11–19 Uhr (im Stundentakt)

GLÜCKSVERSTÄRKER

Fähre verpasst? Wie wäre es mit einem Fischbrötchen und einem kühlen Bier? Direkt am Fähranleger findet man in den Sommermonaten die Räucherfisch-Bude des »Fischers vom Müggelsee«. Freizeitkapitäne, die auf ihrer Fahrt durch das verzweigte Kanalsystem von Neu-Venedig hier vorbeikommen, dürfen am Steg festmachen, um Fisch zu kaufen.

Müggelsee-Fischerei

F
PAULE III

Kaffee und Kuchen IM ALTEN KRANHAUS

Cafébesuch mit einer Extraportion Industrieromantik und Spreeblick

Käsekuchen Backbord voraus! Wer mit dem Fahrgastschiff in Richtung Müggelsee fährt und seinen Blick über das ehemalige Industriegebiet in Oberschöneweide schweifen lässt, entdeckt plötzlich ein außergewöhnliches Gebäude. Es steht am Spreeknie, so heißt dieser Abschnitt der Spree, in dem sich der Fluss biegt wie ein Gelenk. Und zwar genau auf der metaphorischen Kniescheibe. Dank seiner exponierten Lage direkt am Wasser springt das Kranhaus sofort ins Auge: ein kastenförmiger Klinkerbau mit erstaunlich modern wirkenden, großen Fensterflächen, auf dessen Flachdach ein 19 Meter hoher Lastenkran thront.

GLÜCKSVERSTÄRKER

Besonders beliebt ist der köstliche »OSW Cheesecake«, Sophies Hommage an Oberschöneweide. Die gehackten Pistazien, die sie auf dem Kuchen verteilt, erinnern daran, dass diese Ecke Berlins nicht nur reichlich Industriecharme, sondern auch viel Grün zu bieten hat.

Auf der Terrasse vor dem Haus sitzen Ausflügler in der Sonne, lassen sich frisch Gebackenes schmecken und beobachten die vorbeifahrenden Schiffe.

Das in den 1960er-Jahren erbaute Kranhaus gehörte einst zum Kabelwerk Oberspree und kam bei der Kohleentladung zum Einsatz. Seitdem ist viel Wasser die Spree hinabgeflossen. Heute hat der Kran auf dem Dach des Industrierelikts eine rein dekorative Funktion. Anfang des neuen Jahrtausends wurde das denkmalgeschützte Bauwerk aufwendig restauriert und in ein Wohnhaus verwandelt. Im Erdgeschoss ist ein lichtdurchflutetes Café entstanden.

Das Kranhaus Café wird schon seit einigen Jahren von Sophie Maden und ihrem Team betrieben, die hier leckere Quiches, Kuchen, üppiges Frühstück und hervorragenden Kaffee von der Rösterei JOCaffè servieren. Zugegeben, das Kranhaus Café liegt ein wenig ab vom Schuss. Aber der Weg lohnt sich!

Kranhaus Café, Paul-Tropp-Str. 11, 12459 Berlin, Tel. 030/63 96 76 80, www.kranhaus.berlin, Di–Fr 11–19, Sa, So 10–20 Uhr

Schöne Stunden
IM COWSHED SPA

Bei einer Massage mit ätherischen Ölen den Alltagsstress vergessen.

Ein Spa im Stall – mitten in Berlin? Der ungewöhnliche Name hat seinen Ursprung in der englischen Grafschaft Somerset, wo das erste Cowshed Spa bereits Ende der 1990er-Jahre eröffnete. Und zwar in einem ehemaligen Kuhstall. Die Berliner Dependance befindet sich hingegen in einem imposanten denkmalgeschützten Gebäude, das einst ein Kaufhaus war und heute den Privatclub Soho House samt Hotel beherbergt. Während die Räume des exklusiven Clubs nur von seinen Mitgliedern genutzt werden dürfen, sind im Spa auch Nicht-Mitglieder willkommen.

Das Cowshed Spa verbindet stylisches Interieur mit einer entspannten Wohnzimmeratmosphäre. Hier kann man sich eine wunderbare Massage, eine Gesichts- oder Körperbehandlung, eine Maniküre oder Pediküre gönnen. Es gibt außerdem eine Sauna, ein Dampfbad und einen Hamam. Nach der kleinen Spa-Auszeit fühlt man sich wie neugeboren!

Cowshed Spa, im Soho House Berlin,
Torstr. 1, 10119 Berlin,
Tel. 030/405 04 41 30,
www.cowshed.com,
www.sohohouseberlin.com,
Mo–Fr 8–22, Sa, So 10–22 Uhr

Eine ganze Runde
UM DIE HALBE INSEL

Idyllischer Spaziergang auf dem Uferweg der grünen Halbinsel Stralau

Auf zu neuen Ufern! Während sich Ausflügler bei gutem Wetter in Scharen über die Treptower Hafenpromenade und das Bolleufer in Rummelsburg schieben, ist es auf der Halbinsel Stralau vergleichsweise ruhig. Die 112 Hektar große Landzunge, die zwischen Spree und Rummelsburger Bucht liegt, war einst eine Fischerinsel. Ende des 19. Jahrhunderts entstanden erste Werften und Fabriken auf Alt-Stralau. Noch zu DDR-Zeiten befand sich auf der Halbinsel im Osten Berlins ein Industriegebiet, das nach dem Mauerfall zusehends verwahrloste. Anfang des neuen Jahrtausends entdeckten Immobilienfirmen das enorme Potenzial der zugleich grünen und citynahen Wohnlage. Es folgte ein regelrechter Bauboom.

Wenn man heute auf dem etwa drei Kilometer langen, idyllischen Uferweg die Halbinsel umrundet, sieht man Relikte des alten Fischerdorfs, Industriedenkmäler wie den Palmkernölspeicher und den leuchtend blauen Werftkran und natürlich die Neubauten, die hier aus dem Boden schießen. Der Weg führt vorbei am Jachthafen Stralau, an den unter Naturschutz stehenden Spreeinseln Kratzbruch und Liebesinsel sowie an der 1464 erbauten Stralauer Dorfkirche. Überall gibt es lauschige Plätze am Wasser zum Rasten und Picknicken.

Alt-Stralau, 10245 Berlin, S Ostkreuz, S Treptower Park

1 **Du Bonheur** Dieses französische Pâtisserie-Café trägt das Glück schon im Namen. Jedes Törtchen ist ein kleines Kunstwerk. Außerdem werden Croissants, Éclairs und himmlische Macarons angeboten.
www.dubonheur.de

2 **Barcomi's** Die Cafés der Backkünstlerin Cynthia Barcomi in Kreuzberg und Mitte locken mit Leckereien wie Chocolate Espresso Cheesecake, Pecan Pie oder Carrot Cake.
www.barcomis.de

3 **Princess Cheesecake** Zwei beliebte Cafés, eines im Osten und eines im Westen der Stadt. Die Rezepte für die fantastischen Käsekuchen-Varianten, die hier gebacken und serviert werden, stammen aus aller Welt.
www.princess-cheesecake.de

4 **Konditorei Buchwald** Der legendäre Buchwald-Baumkuchen wird bis nach Japan oder Amerika verschickt. Am besten schmeckt er aber vor Ort, im ältesten Konditorei-Café Berlins.
www.konditorei-buchwald.de

5 **Black Isle Bakery** In ihrer kleinen Bäckerei mit Café in Mitte zaubert die Schottin Ruth Barry extrem leckeres Backwerk aus ihrer Heimat wie Shortbread oder Ginger Cake.
www.blackislebakery.com

6 **Zeit für Brot** Der verführerische Duft frisch gebackener Zimtschnecken weht einem aus jeder der vier Zeit-für-Brot-Filialen entgegen. Einfach göttlich!
zeitfuerbrot.com

7 **Café Anna Blume** Dank des integrierten Blumenladens ist das charmante Café immer mit frischem Grün geschmückt. Kulinarische Highlights: das Frühstück, die Crêpes und die Torten.
www.cafe-anna-blume.de

8 **Café Einstein** Das berühmte Café Einstein Stammhaus ist ein Kaffeehaus nach Wiener Vorbild. Zum Kaffee aus eigener Röstung genießt man hier einen Kaiserschmarrn oder Apfelstrudel.
www.cafeeinstein.com

9 **Café im Literaturhaus** Kaffeetrinken im Grünen – direkt am Ku'damm: Im Sommer ist der lauschige Garten des Literaturhauses eine echte Oase inmitten der Großstadt.
www.literaturhaus-berlin.de

10 **Süßkramdealer** In diesem hübschen Laden in Friedenau wird nicht nur mit Schokolade & Co. gedealt. Das Café neben der historischen Zigarrenhandlung macht auch mit Torten und Küchlein süchtig.
www.suesskramdealer.de

Spaziergang AM UFER DES MÜGGELSEES

Zwischen Friedrichshagen und dem Biergarten Rübezahl liegt das Glück.

Wenn sich Berliner nach der See sehnen, fahren sie einfach an den See. Der größte liegt im Südosten: Es ist der Müggelsee mit einer Fläche von 740 Hektar. An seinem Ufer kann man viele glückliche Stunden verbringen, Sandburgen bauen, sich in die Fluten stürzen, ein Boot leihen – oder den Blick über das Wasser schweifen lassen und tief durchatmen.

Ein wunderbarer Müggelsee-Spaziergang führt vom S-Bahnhof Friedrichshagen zum Ausflugslokal Rübezahl. Friedrichshagen ist ein Ortsteil von Berlin, aber auch eine Welt für sich. 1753 gründete Friedrich II., besser bekannt als der »Alte Fritz«, das Kolonistendorf. Trotz der Nähe zur Millionenmetropole ist der dörfliche Ursprung noch heute spürbar, wenn man vom Bahnhof gemütlich bis zum Seeufer schlendert. Man folgt einfach der Bölschestraße, die sich geradlinig nach Süden erstreckt.

Die »Bölsche« ist ein breiter Boulevard, gesäumt von Linden und Maulbeerbäumen, der zum Flanieren einlädt. Unterwegs entdeckt man charmante Läden, Cafés, Restaurants und Galerien. Eine lange Schlange steht meist vor der beliebten italienischen Eisdiele Da Dalt (Bölschestr. 94). Man läuft vorbei am alten Rathaus, an der Christophorus-Kirche und am Marktplatz mit der Bronzestatue des Ortsgründers. Die Bölschestraße reicht bis zum Müggelseedamm, den man überquert, um das denkmalgeschützte Gebäude der Berliner Bürgerbräu zu betrachten. Die Traditionsbrauerei wurde 2010 geschlossen und steht nun leer, doch es gibt diverse Zukunftspläne, die vom Wohnungsbau bis zur Wiederaufnahme des Brauereibetriebs reichen.

Von hier führt die Josef-Nawrocki-Straße bis zum Müggelpark und zur Anlegestelle der Ausflugsdampfer. Die Hafenbar am Anleger und das Eventschiff »MS Windflüchter« bieten Sitzplätze mit Seeblick. Links daneben ragt der Sprungturm des Seebads Friedrichshagen empor, der mit »Hai-Alarm am Müggelsee« (2013) den Sprung auf die große Kinoleinwand geschafft hat. Wer sich für schrägen Humor begeistern kann, sollte sich den Kultfilm unbedingt ansehen.

Vom Müggelpark aus führt der im Jahr 1927 eröffnete, 120 Meter lange Spreetunnel unter der Müggelspree hindurch ans südliche Ufer. Dort angekommen, wandert man auf dem schönen Waldweg am See entlang. An warmen Sommertagen kann man eine der Badestellen nutzen, um sich unterwegs zu erfrischen. Der Spaziergang macht aber auch im Winter Spaß, wenn die kahlen Bäume einen freieren Seeblick ermöglichen.

Nach etwa 2,4 Kilometern gelangt man zur Gaststätte Rübezahl mit Biergarten, Dampferanleger und Bootsverleih. Hier gönnt man sich eine Berliner Weiße oder ein Fischbrötchen. Wer nicht auf demselben Weg zurücklaufen möchte, fährt mit dem Bus 169 zum S-Bahnhof Köpenick. Im Sommer kann man auch mit dem Fahrgastschiff stadteinwärts fahren. Oder man wandert gleich weiter zum Müggelturm (siehe Seite 98).

Start der Tour: S-Bahn-Station Friedrichshagen, Fürstenwalder Damm/ Ecke Bölschestr., 12587 Berlin, www.seebad-friedrichshagen.de, www.windfluechter.berlin, www.ruebezahl-berlin.de

360-Grad-Panorama IM GRÜNEN OSTEN

Sensationeller Blick und Sahnetorte: ein Ausflug zum Müggelturm

Wald und Wasser, so weit das Auge reicht: Der Müggelturm südlich des Müggelsees beeindruckt jedes Mal wieder mit seinem Rundumblick. Wie ein Leuchtturm in einem grün-blauen Meer ragt der auf dem Kleinen Müggelberg errichtete Aussichtsturm empor. Ende des 19. Jahrhunderts stand hier bereits ein hölzerner Turm im Pagodenstil, den 1958 ein Feuer verschlang. Der heutige Müggelturm wurde zwischen 1959 und 1961 nach dem Entwurf einer Studentengruppe der Kunsthochschule Berlin-Weißensee gebaut: ein schlichter Stahlbeton-Turm mit markanter Fassade. Er gilt als frühes Beispiel einer modernen Formensprache in der DDR-Architektur und steht seit 1995 unter Denkmalschutz.

Zu DDR-Zeiten war der Müggelturm mit angeschlossener Gaststätte ein bevorzugtes Ausflugsziel der Ost-Berliner. Nach dem Mauerfall wurde er einige Jahrzehnte lang vernachlässigt, bis sich ein neuer Investor fand, der das Areal von 2014 bis 2018 aufwendig sanierte und umbaute. Seit seiner Wiedereröffnung lockt der Turm erneut Ausflügler herbei, die sich in der Müggelturm-Baude, im Hauptmann-Restaurant oder auf der Dachterrasse Kaffee und Snacks genehmigen. Besonders verführerisch sind die in einer Vitrine ausgestellten Tortenkreationen.

Wer die 126 Stufen des knapp 30 Meter hohen Müggelturms erklimmt, blickt auf eine traumhaft schöne Wald- und Seenlandschaft und sieht in der Ferne die Skyline von Berlin oder den Flughafen in Schönefeld. Die Aussichtsplattform ist nicht barrierefrei, da das Denkmalamt den Ein- oder Anbau eines Fahrstuhls nicht genehmigte. Damit zukünftig jeder den Müggelturm-Glücksmoment erleben kann, soll nun ein zweiter Turm mit Aufzug im Inneren errichtet werden.

Müggelturm, Straße zum Müggelturm 1, 12559 Berlin, Tel. 030/65 48 99 50, www.mueggelturm.berlin, Turmbesteigung: tgl. 10–18 Uhr, Bus 169 bis Haltestelle Rübezahl

GLÜCKSVERSTÄRKER

Wer zu Fuß von der Gaststätte Rübezahl (siehe Seite 96) oder von der Bushaltestelle am Müggelheimer Damm kommt, kann auf dem Weg zum Müggelturm den sagenumwobenen Teufelssee entdecken. Ein drei Kilometer langer Naturlehrpfad führt über Holzstege um den kleinen See – vorbei an Teichrosen und anderen faszinierenden Pflanzen.

Glück zum Verschenken

Was fleißige Bienen im Stadtgebiet sammeln, landet im »**Berliner Honig**«-Glas und anschließend oft im Koffer von Berlinbesuchern. Die leckeren Sorten der Imkergemeinschaft heißen »Berliner Frühling«, »Hauptstadtlinde« und »Berliner Sommer«.
www.berlinerhonig.de

Die hübschen Seifen der Hauptstadt-Manufaktur **Dearsoap** enthalten natürliche, pflegende Inhaltsstoffe. Aktivkohle sorgt für die elegante, schwarze Farbgebung. Ein bärenstarkes Berlin-Mitbringsel!
www.dearsoap.com

Über die »Berliner Currysauce« von der kleinen Manufaktur **Haus der feinen Kost** freuen sich nicht nur Currywurstfans: Die tomatig-fruchtige und würzige Spezialität verfeinert auch vegetarische Gerichte. Das originelle Etikett macht die Sauce zum perfekten Geschenk.
www.haus-der-feinen-kost.de

Bringen Sie Ihren Lieben doch einfach die Schokoladenseiten Berlins mit! Die Marke **Preußisch süß** widmet den Stadtteilen eigene Schoko-Kreationen mit passenden Zutaten. So enthält die Sorte »Tempelhof« Rosinen die an die Luftbrücke erinnern. Und in der Tafel »Kreuzberg« repräsentieren Ingwer, gerösteter Sesam und Schwarzkümmel den Multikultibezirk.
www.preussisch-suess.de

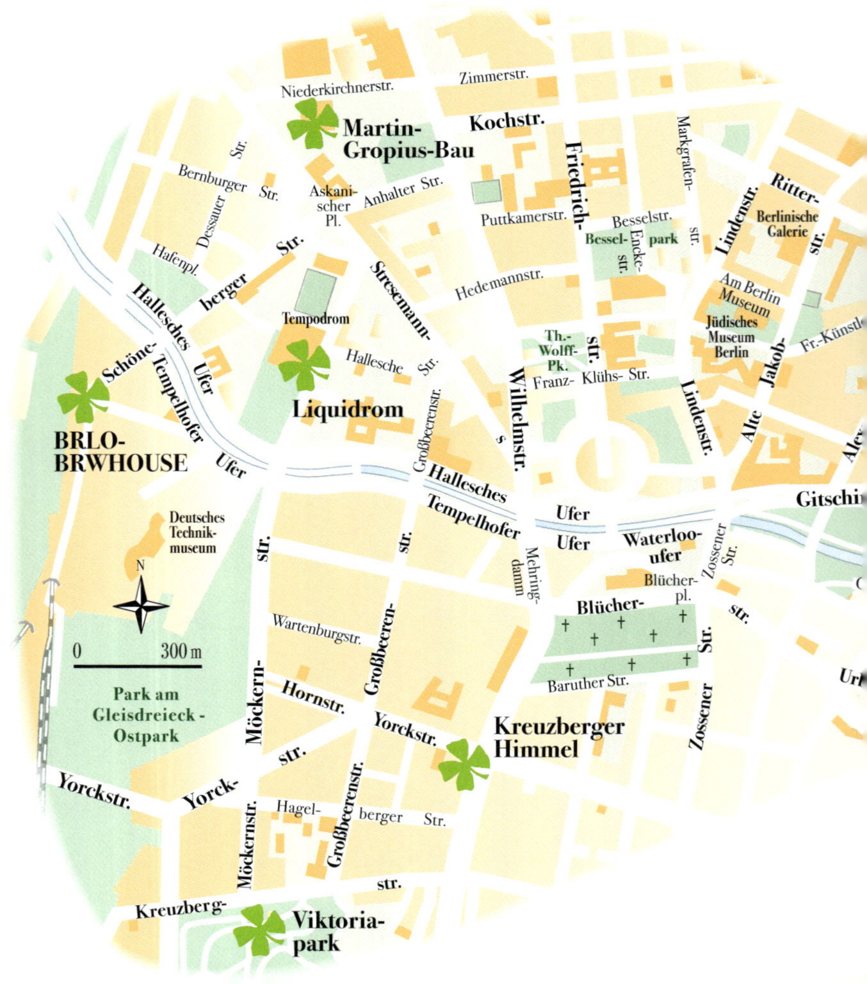

Niederkirchnerstr.
Zimmerstr.
Martin-
Gropius-Bau
Kochstr.
Markgrafen-
str.
Friedrich-
str.
Bernburger
Str.
Dessauer
Str.
Askani-
scher
Pl.
Anhalter Str.
Puttkamerstr.
Besselstr.
Bessel-
park
Encke-
str.
Lindenstr.
Ritter-
str.
Berlinische
Galerie
Hafenpl.
Schöneberger
Str.
Tempodrom
Stresemann-
str.
Hedemannstr.
Am Berlin
Museum
Jüdisches
Museum
Berlin
Halleschesufer
Th.-
Wolff-
Pk.
Franz-Klühs-Str.
Fr.-Künstl
Schöne-
Tempelhofer
Ufer
Hallesche
Str.
Liquidrom
Wilhelmstr.
Alte
Jakob-
BRLO-
BRWHOUSE
Großbeerenstr.
Hallesches
Tempelhofer
Ufer
Gitschi
Deutsches
Technik-
museum
Mehring-
damm
Waterloo-
ufer
Zossener
Str.
N
Blücher-
pl.
Blücher-
str.
Wartenburgstr.
0
300 m
Park am
Gleisdreieck -
Ostpark
Möckern-
str.
Großbeeren-
str.
Hornstr.
Baruther Str.
Zossener
Str.
Yorckstr.
Kreuzberger
Himmel
Yorck-
str.
Yorckstr.
Hagel-
berger
Str.
Möckernstr.
Großbeerenstr.
Kreuzberg-
str.
Viktoria-
park

Der Süden

Besonders vielfältig, lebendig und kreativ sind die Stadtteile im Süden Berlins. Der Multikultibezirk Kreuzberg ist mit seinen verschiedenen Länderküchen der ideale Ort für eine kulinarische Entdeckungsreise. Neukölln hat sich vom ewigen Problemviertel zur Hipster-Hochburg gemausert. In den südlichen Berliner Bezirken kann man aber auch durch außergewöhnliche Parkanlagen schlendern. Craft-Beer-Fans, Erholungsuchende, Kunstkenner oder Gourmets – sie alle können hier Glücksmomente erleben.

Interview: EIN STERNEKOCH AUS BERLIN-KREUZBERG

Mit asiatisch inspirierten Speisen macht Tim Raue Gourmets glücklich.

Woher stammt Ihre Begeisterung für die asiatische Küche?

Seit meinem ersten Besuch in Singapur, bei dem ich die kulinarische Vielfalt der asiatischen Küchen kennenlernen durfte, bin ich ein Fan. Ich habe Freude an Frittiertem, an Gerichten, die man auf der Straße ebenso gut essen kann wie in einem Fine-Dining-Restaurant. Vor allem kantonesische BBQ-Gerichte, thailändische Salate und koreanisches Fried Chicken sind meine Leidenschaft. Es geht immer um frische, tolle Aromen, intensive Würzwelten.

Sie servieren Gerichte, die »Lebensfreude spenden«. Wie gelingt das?

Indem man den Fokus darauf legt, was dem Menschen Kraft und Energie gibt. Und indem man jedem Gericht Leichtigkeit und Frische verleiht. Ich lasse Beschwerendes wie Beilagen aus Kartoffeln, Reis und Pasta weg und kreiere Aromenwelten aus Süße, Säure und Schärfe.

Gibt es bestimmte Glück verheißende Aromen?

Fast jeder hat Spaß an der Verbindung von Kontrasten: »fein und cremig« von Sahne zum Beispiel in Kombination mit »intensiv und säuerlich« von der Passionsfrucht. Bei mir funktioniert das Spiel aus animierender Säure, belebender Schärfe und balancierender Süße auf nahezu jedem Teller. Wie im Leben, so ist es auch am Gaumen die Abwechslung, die uns begeistert.

Wo finden Sie Ideen für neue Gerichte?

Ich habe enorm viel Spaß an Stoffen. Manchmal sind es iranische Vintage-Teppiche, oft auch Stoffe aus der Mode, die animierende Farbkombinationen zeigen. In meinem Hirn lösen sie sofort Assoziationen zu Lebensmitteln aus. Ein lila Stoff mit drei Grüntönen hat beispielsweise den Anstoß für ein Gericht mit Heuschreckenkrebs, Rotkohl, Koriander und Boskop-Apfel gegeben. Auch Kunst löst immer wieder Impulse aus, die mich auf ein Produkt oder die Zubereitung einzelner Lebensmittel bringen.

Was macht Sie bei Ihrer Arbeit besonders glücklich?

Wenn ein neues Gericht entstanden ist. Wenn der letzte Hauptgang am Abend über den Pass gegangen ist. Wenn die Geräuschkulisse im Restaurant ein vibrierendes Schwirren ist.

Restaurant Tim Raue,
Rudi-Dutschke-Str. 26, 10969 Berlin,
Tel. 030/25 93 79 30,
www.tim-raue.com,
Lunch: Fr, Sa 12–15 (Küche bis 13),
Dinner: Di–Sa 19–24 (Küche bis 21) Uhr

Gipfelglück
IM VIKTORIAPARK

Den Ausblick vom Kreuzberg genießen und am Wasserfall Gefallen finden.

Das wunderbare Gefühl, einen Gipfel erklommen zu haben und mit einem tollen Ausblick belohnt zu werden, kann man auch in Berlin-Kreuzberg erleben. Die Tatsache, dass der Berg, der dem Stadtteil seinen Namen gab, mit einer Höhe von 66 Metern über dem Meeresspiegel eher ein Hügel ist, tut dem Glücksmoment keinen Abbruch.

Um von der Straße zum Gipfel zu gelangen, muss man etwa 30 Höhenmeter bezwingen. Der Kreuzberg ist die höchste natürliche Erhebung in der Berliner Innenstadt. Doch schon vor dem Aufstieg wartet am Fuße des Bergs ein überraschender Blick auf Erstbesucher. Wer sich dem Viktoriapark – so heißt die Parkanlage auf und um den Kreuzberg – von der Großbeerenstraße her nähert, steht irgendwann vor dem Teich mit der Bronzeskulptur »Der seltene Fang« von Ernst Herter. Sie zeigt einen Fischer, dem eine Nixe ins Netz gegangen ist.

Hinter dieser sagenhaften Szene erblickt man einen imposanten Wasserfall, der über Felsbrocken sprudelt, und hoch oben ein Bauwerk, das man aus der Ferne für die Turmspitze eines Märchenschlosses halten könnte. Die Landschaft scheint einem Fantasyfilm entsprungen zu sein, und sie ist auch ebenso unecht wie eine Filmkulisse. Der künstliche Wasserfall wurde 1894 fertiggestellt. Damit das Wasser hinabstürzen kann, muss es erst den Berg hinaufgepumpt werden. Bei dem Monument auf dem Gipfel handelt es sich um das von 1818 bis 1821 im neugotischen Stil errichtete Nationaldenkmal von Karl Friedrich Schinkel, das an die Befreiungskriege und den Sieg gegen Napoleon erinnert.

Um zum Aussichtspunkt zu gelangen, wählt man am besten einen der lauschigen Waldpfade, die am Wasserfall vorbeiführen. Im Sommer sind die schattigen Plätze direkt an der romantisch plätschernden Kaskade besonders beliebt. Weiter oben bieten große Wiesen die Möglichkeit, sich auf einer Decke auszustrecken und Sonne zu tanken. Auf der Bergkuppe angekommen, schaut man zurück ins Tal und über die Dächer der Stadt. Einen noch besseren

Blick hat man, wenn man die Stufen des achteckigen Denkmal-Sockels emporsteigt.

Auf dieser Treppe sitzen Berlinbesucher und Anwohner gerne mit einem kühlen Getränk in der Hand und lassen das Panorama auf sich wirken. Die Logenplätze rings um das Denkmal sind auch eine schöne Location, um den Sonnenuntergang oder das Silvesterfeuerwerk zu betrachten. Nur die Scherben lieblos entsorgter Glasflaschen können einen Glücksmoment auf dem Kreuzberg trüben. Daher ist es ratsam, die Stufen genau zu inspizieren, bevor man sich niederlässt. Wer Lust auf einen längeren Spaziergang hat, läuft den Berg in westlicher Richtung hinab und die Monumentenstraße entlang bis zum Monumentenplatz. So erreicht man den südlichsten Zipfel einer weiteren grünen Oase und kann die Entdeckungstour im Park am Gleisdreieck fortsetzen (siehe Seite 108).

Viktoriapark, Kreuzbergstraße, 10965 Berlin

Vom Niemandsland ZUM BELIEBTEN VOLKSPARK

Im abwechslungsreichen Gleisdreieck-park findet jeder sein Glück.

Wer heute durch den Park am Gleisdreieck schlendert, vorbei an Joggern, Radfahrern, blühenden Gärten und bunten Picknickdecken, kann sich kaum noch vorstellen, dass sich hier viele Jahrzehnte lang eine unzugängliche Stadtbrache befand. Nach dem Zweiten Weltkrieg war der Güterverkehr am einstigen Bahnknotenpunkt eingestellt worden. Nur aus dem U-Bahn-Fenster konnte man einen Blick auf die großflächigen Gleisanlagen erhaschen, die langsam vor sich hin rosteten und sich zur urbanen Wildnis entwickelten.

Bei der Neugestaltung des Geländes am Gleisdreieck war es den Parkplanern wichtig, die Historie des Areals und den Wildwuchs der Bahnbrache ins Konzept zu integrieren. In über 50 Jahren konnte auf den Brachflächen eine artenreiche Flora und Fauna entstehen und die wichtigen Lebensräume diverser Pflanzen- und Tierarten sollten erhalten werden. Der Mix aus gepflegten Grünflächen mit breiten, asphaltierten Wegen, natürlich gewachsener Stadtwildnis und Relikten aus der Zeit der Bahnnutzung – wie Gleisen, Prellböcken und Signalanlagen – macht den besonderen Reiz dieses modernen City-Parks aus. Neben Naturliebhabern und Technikinteressierten können auch Sportler und erholungsbedürftige Großstädter hier glückliche Stunden verbringen, denn das Angebot an Freizeitaktivitäten ist äußerst vielfältig.

Der Park wurde von engagierten Anwohnern, die ihre Wünsche und Ideen einbringen konnten, mitgestaltet – und das Konzept der Bürgerbeteiligung geht auf: Seit der Eröffnung des östlichen Teils 2011 ist der Park zum Lieblingsort vieler Berliner und Touristen geworden.

GLÜCKSVERSTÄRKER

Im Flaschenhalspark, benannt nach seiner in südlicher Richtung schmal zulaufenden Form, kann man als Fußgänger auf den alten Bahngleisen durch ein verwunschenes Wäldchen wandern und am Wegesrand ungewöhnliche Vegetation sowie interessante Bahnrelikte erspähen.

Um in einem Rundgang möglichst viel vom insgesamt 31,5 Hektar großen Parkensemble zu sehen, kann man beispielsweise im südlich der Yorckstraße gelegenen Flaschenhalspark starten und über eine der historischen Bahnbrücken in den Ostpark laufen. Es geht vorbei an Liegewiesen und am Wildwuchs-Wäldchen, an der historischen Milchladerampe und am Außengelände des Deutschen Technikmuseums. Am Weg liegen auch die neue Skateanlage und das alte Poststellwerk-Häuschen, das heute einen Kiosk beherbergt. Jenseits der ICE-Trasse führt einen der Spaziergang in den Westpark, wo es unter anderem die Sonnenterrasse, die eindrucksvollen U-Bahn-Viadukte und die Beachvolleyballanlage zu entdecken gibt.

Park am Gleisdreieck, Eingänge u. a. am Schöneberger Ufer, Kurfürstenstraße, Yorckstraße, Monumentenstraße, Möckernstraße und am Tempelhofer Ufer, www.gruen-berlin.de/park-am-gleisdreieck

Bierkultur und KULINARIK IM CONTAINER

Das BRLO-Brauhaus lockt mit spannender Architektur und Biergarten.

Ein modernes Biergarten-Erlebnis fernab jeglicher volkstümlicher Atmosphäre bietet das BRLO BRWHOUSE. Nach ausgedehnten Spaziergängen durch den angrenzenden Park am Gleisdreieck (siehe Seite 108) gibt es nichts Schöneres, als sich hier in einen Liegestuhl sinken zu lassen und die vor Ort gebrauten Bierspezialitäten zu genießen. Den schönen Blick auf den Park, die Bahn-Viadukte und die regelmäßig vorbeirumpelnden, gelben U-Bahnen gibt es gratis dazu.

Das BRLO-Craft-Beer stammt aus Berlin. Und auch die GRAFT-Architekten, die das außergewöhnliche Brauereigebäude entworfen haben, sind in der deutschen Hauptstadt ansässig. Überseecontainer wurden individuell bearbeitet, über- und nebeneinandergestapelt und in ein frei stehendes Bauwerk verwandelt, das bei Bedarf ab- und an anderer Stelle wieder aufgebaut werden kann.

Im Inneren der Container-Brauerei setzt sich der industrielle Charme fort: Die Innenarchitekten des Büros NOVONO haben dunkle Farben und viel Metall mit verwittertem Holz kombiniert, das für Gemütlichkeit sorgt. Im Winter oder an regnerischen Tagen kann man sich hier ein frisch Gezapftes genehmigen und durch die gläserne Wand hinter der Bar direkt auf die Braukessel blicken. Das Restaurant serviert außerdem leckere Gerichte, die geschmacklich auf die Bier-Aromen abgestimmt und ebenso handwerklich und liebevoll zubereitet sind. Neben den BRLO-Stammsorten können im BRWHOUSE auch saisonale Biere, brandneue Kreationen und Craft-Beer-Sorten befreundeter Braumeister probiert werden. Pale Ale, German IPA oder doch lieber ein Helles? Wer sich nicht entscheiden kann, sollte das »Tasting Board« mit fünf Biergläsern im Miniformat bestellen.

BRLO BRWHOUSE,
Schöneberger Str. 16, 10963 Berlin,
Tel. 030/55 57 76 06,
www.brlo-brwhouse.de, Restaurant:
Di–Fr ab 17 Uhr, Sa, So ab 12 Uhr,
Biergarten nur im Sommer geöffnet

BRŁO

Street Food Thursday: EIN FEST FÜR FOODIES

In der Markthalle Neun schlemmt man sich von Stand zu Stand.

Die Halle ist erfüllt von einem Wirrwarr aus Stimmen, Sprachen und Gelächter. Dazwischen hört man es immer wieder brutzeln und zischen. Von allen Seiten wehen einem wunderbare Düfte entgegen, die das Wasser im Munde zusammenlaufen lassen. So fühlt sich ein typischer Donnerstagabend in der Markthalle Neun an. Seit 2013 findet in der historischen Markthalle einmal wöchentlich ein kulinarisches Event statt, das Genießer aus allen Bezirken – und aus aller Welt – magisch anzieht.

Ende des 19. Jahrhunderts sind in Berlin 14 städtische Markthallen entstanden. Die Markthalle IX in Kreuzberg, auch Eisenbahnmarkthalle genannt, wurde 1891 eröffnet. Das alte Gemäuer hat schon viel erlebt und zwei Weltkriege nahezu unbeschadet überstanden. Seit Anfang des neuen Jahrtausends hat sich die Markthalle von einer lange vernachlässigten Immobilie in einen beliebten Treffpunkt für Food-Liebhaber verwandelt. Unter ihrem Dach werden regionale, saisonale Lebensmittel und handwerklich produzierte Spezialitäten angeboten. Vor Ort wird frisches Brot gebacken, Kaffee geröstet und Bier gebraut.

Foodies, die Wert auf gutes Essen legen, zelebrieren jeden Donnerstag den Street Food Thursday. An diesem Abend steht die Geschmacksvielfalt im Mittelpunkt. An den Ständen werden internationale Streetfood-Klassiker von kreativen Köchen zubereitet. Die meisten Leckereien kommen in kleinen Portionen daher, damit man möglichst viel probieren kann. Es gibt britische Pies, Momos aus Tibet, mexikanische Tacos, koreanische Bao Buns und viele weitere Bürgersteig-Delikatessen, die traditionell im Vorbeigehen verspeist werden. Am Street Food Thursday futtert man sich nicht nur quer durch die Markthalle, sondern auch rund um den Globus.

Markthalle Neun, Eisenbahnstr. 42/43, 10997 Berlin, Tel. 030/61 07 34 73, www.markthalleneun.de, Street Food Thursday: Do 17–22 Uhr

GLÜCKSVERSTÄRKER

Nicht nur am Donnerstagabend lohnt sich der Besuch in der Markthalle Neun. Von Dienstag bis Samstag kann man sich auf dem Wochenmarkt mit leckeren Lebensmitteln eindecken. Außerdem gibt es weitere, regelmäßig stattfindende Spezialmärkte und Food-Festivals. Im Advent erlebt man hier den Weihnachtsmarkt namens »Merry Markthalle«

Wochenmarkt: Di–Fr 12–18, Sa 10–18 Uhr

Eisdielen
TOP 5

1 **Gimme Gelato** Charmante Eisdiele in Charlottenburg. Zur Auswahl stehen hausgemachtes Eis am Stiel, Gelato, Sorbets und viele vegane Sorten.
www.gimmegelato.de

2 **Eismanufaktur Berlin** Leckeres Eis aus hochwertigen Zutaten servieren die sechs Filialen der Eismanufaktur. Einfach göttlich: cremige Kreationen wie »Indische Mango« oder »Karamell Fleur de Sel«.
www.eismanufaktur-berlin.de

3 **Rosa Canina** Das Bioeis aus eigener Herstellung gibt es in Prenzlauer Berg, Mitte und Kreuzberg. Sorten wie »Moscow Mule«, »Earl Grey« oder »Schwarzer Sesam« warten darauf, genüsslich geschleckt zu werden.
www.rosacanina.eu

4 **Vanille & Marille** Sieben Läden in Berlin. In den kreativen Eissorten stecken nur natürliche Ingredienzen. Das Portfolio reicht von »Caipirinha Sorbet« bis zu »Walnuss mit Feige«.
www.vanille-marille.de

5 **Florida Eis** Die Marke findet man auch im Supermarkt, doch ein Besuch im Eiscafé in Spandau lohnt sich – wegen der Old-School-Eisbecher. Das Traditionsunternehmen stellt seit 1927 Eis her.
www.floridaeis.de

Ein Miteinander, DAS GLÜCKLICH MACHT

Im Kreuzberger Himmel teilt man Speisen und die Liebe zu gutem Essen.

Hinter diesem Restaurant steckt eine spannende Geschichte, doch davon ahnt man nichts, wenn man rein zufällig im Kreuzberger Himmel landet. Zuerst fällt der Blick auf das schicke Interieur, die hohen Decken und die bunten Kugelleuchten. Gleichzeitig erfüllen exotische Gewürzdüfte die Nase und machen Lust auf die anspruchsvolle syrische Küche, die hier serviert wird. Auf anderen Tischen entdeckt man schon appetitlich aussehende Speisen wie Hummus, Baba Ganoush, Kibbeh oder Kabse – und die Vorfreude wächst. Um möglichst viele Köstlichkeiten probieren zu können, bestellt man am besten gemeinsam mit Freunden. Auberginen, Granatapfelkerne, Kichererbsen, Cashews, Minze und Koriander tummeln sich auf den Tellern. Die Geschmacksknospen freuen sich über teils vertraute, teils überraschende Aromen.

Wer einen Blick in die Speisekarte wirft oder mit dem freundlichen Restaurantteam ins Gespräch kommt, erfährt mehr über diesen besonderen Ort. Der Kreuzberger Himmel wird von Geflüchteten betrieben. Sie stammen aus Ländern wie Syrien, Afghanistan, Iran oder Irak und mussten ihre Heimat unter dramatischen Bedingungen verlassen. Im weltoffenen Berlin haben sie ein neues Zuhause und im Kreuzberger Himmel einen wunderbaren Arbeitsplatz gefunden. Wo ein Himmel ist, dürfen auch die Engel nicht fehlen: Der Verein Be an Angel e. V., der sich für die Integration geflüchteter Menschen einsetzt, hat das Projekt ins Leben gerufen. In den Räumen, die von der katholischen St.-Bonifatius-Gemeinde zur Verfügung gestellt werden, leben nun Muslime, Hindus, Juden und Christen gemeinsam ihre Kochleidenschaft aus. Ein Rezept fürs Überwinden von religiösen, sprachlichen und kulturellen Barrieren haben sie schon gefunden. Dem Kreuzberger Himmel sei Dank!

Kreuzberger Himmel, Yorckstr. 89, 10965 Berlin, www.kreuzberger-himmel.de, Di–Fr 17–24, Sa, So 10–24 Uhr

GLÜCKSVERSTÄRKER

Das multikulturelle Team hat inzwischen noch ein weiteres Restaurant in Kreuzberg eröffnet. Im Deli namens Himmel 8 (Ritterstr. 8) gibt es vegetarische und vegane Suppen, Salate und Wraps auch zum Mitnehmen. Dazu genießt man gesunde Drinks wie Ayran mit Mango oder den Green Power Smoothie. Einfach himmlisch!

Die schönste Form
VON SCHWEBEZUSTAND

Ein Besuch im Liquidrom ist so erholsam wie ein Wellnessurlaub.

Einfach mal abtauchen, sich treiben lassen und den Alltagsstress vergessen. Das Liquidrom ist ein wundersamer Ort, der mitten im Berliner Zentrum liegt, aber Welten entfernt zu sein scheint von der Hektik der Großstadt. Zu den Besonderheiten dieser modernen Therme zählt die große Kuppelhalle mit ihrer sakral anmutenden Beton-Architektur. Hier kann man im körperwarmen Salzwasserpool floaten, ein Gefühl von Schwerelosigkeit erleben, den Klängen der Unterwassermusik lauschen und Farb- und Lichtspiele auf sich wirken lassen.

Zum Wohlfühlprogramm im Liquidrom gehört aber auch das stilvolle und äußerst abwechslungsreiche Schwitzen: im Dampfbad, in der finnischen Sauna, in der Himalaya-Salzsauna oder in der Panorama-Sauna mit Blick auf den begrünten Innenhof. Der japanisch inspirierte Außenbereich sorgt mit seinem Heißwasser-Onsenpool für weitere Wellnessmomente unter freiem Himmel. Nun fehlt nur noch eine Massage – mit Aromaöl, warmen Basaltsteinen oder Kräuterstempeln –, und das Day-Spa-Glück ist perfekt. So erfrischt und tiefenentspannt fühlt man sich sonst nur nach einem dreiwöchigen Urlaub.

Liquidrom, Möckernstr. 10,
10963 Berlin, Tel. 030/253 00 78 20,
www.liquidrom-berlin.de,
So–Do 9–24, Fr, Sa 9–1 Uhr

Fisch oder Frühstück
FRISCH AUS DER KOMBÜSE

Die van Loon Flotte: Genuss im Hafen und auf großer Fahrt.

In einer wasserreichen Stadt wie Berlin gibt es viele Möglichkeiten, an oder auf den Flüssen, Kanälen und Seen zu speisen. Zu den Restaurantschiff-Klassikern der Hauptstadt zählt die »van Loon«, die fest vertäut im Kreuzberger Urbanhafen liegt. In diesem Binnenhafen des Landwehrkanals findet schon seit den 1950er-Jahren kein Warenumschlag mehr statt. Der Urbanhafen ist zwischen 1891 und 1896 entstanden, verlor aber schnell an Bedeutung. Anfang der 1960er-Jahre wurde der Hafen teilweise zugeschüttet. Nur ein schmales Becken blieb zurück, und das ehemalige Hafengelände verwandelte sich in eine Grünanlage mit Uferpromenade, die heute bei Spaziergängern und Joggern sehr beliebt ist. Bei schönem Wetter versammeln sich Sonnenhungrige und hungrige Wasservögel auf den Wiesen.

Wer eher Appetit auf Fisch oder Frühstück hat, geht an Bord des Restaurantschiffs. Die »van Loon« ist ein Neubau im Stil eines historischen Frachtenseglers. Im Salon und in der Kamin-Lounge findet man zu jeder Jahreszeit einen gemütlichen Sitzplatz. Dank der Panoramafenster genießt man beim Essen den Ausblick. Im Sommer sind vor allem die Tische auf dem Sonnendeck heiß begehrt. Zu den kulinarischen Besonderheiten zählt der Räucherfisch aus dem eigenen Ofen. Empfehlenswert sind aber auch das »Brunchy Lunchy«-Frühstücksbüfett am Samstag sowie der »van Loon«-Sonntagsbrunch.

GLÜCKSVERSTÄRKER

Wer die maritime Mahlzeit mit Sightseeing verbinden möchte, meldet sich für eine dreistündige Brunch-Rundfahrt mit der »Philippa« oder »Josephine« an. Das Salonschiff im Stil der 1920er-Jahre und die einstige Hamburger Hafenbarkasse gehören ebenfalls zur Flotte der Reederei van Loon.

Van Loon Restaurantschiffe, An der Baerwaldbrücke, Carl-Herz-Ufer 5, 10961 Berlin, Tel. 030/692 62 93, www.vanloon.de, Öffnungszeiten saisonal unterschiedlich (siehe Website)

03613580

Ein Kaufhaus
FÜR KREATIVE

Bei Modulor taucht man in die wunderbare Welt des Materials ein.

Wenn die Ideen nur so sprudeln, dann wird auch der Körper von Glückshormonen durchflutet. Dafür wird Inspiration benötigt – und die findet man im Kreativ-Kaufhaus Modulor am Moritzplatz zuhauf. Unter dem Motto »Material total« bietet Modulor Berufskreativen, Hobbybastlern, Architekten, Designern und Künstlern auf 3000 Quadratmetern und zwei Etagen eine einzigartige Produktvielfalt. Diesen Laden kann man sich vorstellen wie eine Kreuzung zwischen einem riesigen Geschäft für Künstler- und Bastelbedarf und einer charmanten Papeterie. Ein bisschen Baumarkt und Kurzwarenhandlung stecken ebenfalls in den Genen. Ob man nun ein Architekturmodell konstruieren, eine Karte basteln, ein Bild aufhängen, eine Tasche nähen oder einen Raum dekorieren möchte, bei Modulor gibt es das passende Material.

Wer zum ersten Mal die heiligen Hallen des Materialhändlers betritt, kommt meist aus dem Staunen nicht mehr heraus. Hier stapeln sich nicht nur Kartons, Dosen, Blöcke, Stifte und allerhand andere nützliche Utensilien, man stößt auch auf Dinge, von deren Existenz man bisher nichts wusste. Erläuterungen und Praxistipps haben die freundlichen Verkäufer parat, die selbst Material-Enthusiasten sind. Beim Stöbern in den Regalen kann man unterschiedliche Glücksmomente erleben, etwa das Erfolgserlebnis, wenn man genau das richtige Material für sein Projekt findet. Es gibt aber auch Momente, in denen eine Zufallsentdeckung zu einem genialen Einfall führt. Es beginnt, in den Fingern zu kribbeln und man möchte am liebsten gleich losbasteln.

Modulor, Prinzenstr. 85, 10969 Berlin, Tel. 030/69 03 60, www.modulor.de, Mo–Fr 9–20, Sa 10–18 Uhr

GLÜCKSVERSTÄRKER

Auf der Suche nach einer schönen Geschenkidee? Die findet man bei Modulor ebenfalls. Und dazu auch gleich das Geschenkpapier, Schleife, Grußkarte, Kerzen für die Geburtstagstorte, Girlanden für die Party, Konfetti …

Werken, Basteln
Handicrafts
L

Neues Leben IN ALTEN SPELUNKEN

Mit urigem Charme begeistern Eckkneipen ein jüngeres Publikum.

Lange wähnte man sie auf der Liste der vom Aussterben bedrohten Arten: die Eckkneipe, auch bekannt als »Stampe«. Doch nun haben jüngere Generationen die urigen Bierlokale für sich entdeckt und verhelfen dieser Berliner Institution zu einem Comeback. Eckkneipen, die oft – aber nicht immer – an Häuserecken zu finden sind, zeichnen sich durch ihre urgemütliche, schummrige Atmosphäre aus. Vertäfelte Wände und rustikale Holzmöbel treffen auf vergilbte Gardinen, Billardtisch, Flipper oder Jukebox. Alles hat eine gewisse Patina.

Craft Beer, 50 Ginsorten oder die neuesten Cocktailtrends gibt es hier nicht. Dafür kann man in der Eckkneipe ein frisch gezapftes Pils trinken, mit Freunden über das Leben philosophieren oder Fußball gucken. In manchen Eckkneipen darf noch geraucht werden, was zwar äußerst ungesund ist, aber zum authentischen Eckkneipen-Erlebnis irgendwie dazugehört. Die verjüngte Kundschaft erfreut sich am Retrocharme dieser Traditionskneipen und an den moderaten Preisen für eine kühle »Molle« – so heißt das Glas Bier in Berlin. In Kneipen wie »Zur Fetten Ecke« in Kreuzberg stehen Alt und Jung, Kiezbewohner und Besucher aus aller Welt nebeneinander am Tresen. Das Publikum ist so vielfältig wie die Stadt.

Zur Fetten Ecke, Schlesische Str. 16, 10997 Berlin, Tel. 030/444 79 67, www.zur-fetten-ecke.de, tgl. ab 15 Uhr

Gute-Laune-Getränk: BERLINER WEISSE

Diese Bierspezialität schmeckt nach Sommer, Sonne und Freizeitspaß.

Rot oder grün? In den Signalfarben der Ampelmännchen kommt ein für Berlin typischer Durstlöscher daher, der bei schönem Wetter unter freiem Himmel getrunken wird. In Biergärten oder auf Ausflugsdampfern genehmigt man sich gerne eine Berliner Weiße mit Schuss. Dieser besteht meist aus einem Himbeer- oder Waldmeistersirup. Das Getränk ist so bunt und süß wie ein Kindergeburtstag. Es wird in einem Kelch mit Strohhalm serviert, was den Partycharakter noch unterstreicht. Die wohl bekannteste Weiße stammt von der Marke Berliner Kindl.

»Berliner Weiße« ist ein geschützter Begriff, den nur Berliner Brauereien für ihr Weißbier verwenden dürfen. Schon seit über 300 Jahren wird die Sauerbier-Spezialität an der Spree gebraut. Der Mix mit süßem Sirup kam aber erst Anfang des 20. Jahrhunderts in Mode. Von Natur aus ist das obergärige Bier leicht säuerlich, spritzig und – dank seines niedrigen Alkoholgehalts – das ideale Erfrischungsgetränk an warmen Sommertagen. Beim Brauen der Weißen kamen ursprünglich Milchsäurebakterien und eine spezielle Mischung aus Hefen zum Einsatz, das Bier reifte in der Flasche weiter. Das alte Verfahren war schon fast in Vergessenheit geraten, doch im Zuge des Craft-Beer-Trends feierte auch die traditionelle Weiße ein Comeback. Die handwerklich gebraute Weiße von BRLO (siehe Seite 110) oder Lemke Berlin (siehe Seite 32), die man pur genießen kann, macht Bierkenner glücklich.

www.berliner-kindl.de, www.brlo.de, www.lemke.berlin

Kulinarischer KURZTRIP NACH KOREA

Grillen und chillen im Kreuzberger Restaurant Kimchi Princess.

Berlin ist eine wahre Foodie-Metropole. Wer seine Geschmacksknospen auf Weltreise schicken möchte, ist in der Hauptstadt genau richtig. Als Young-Mi Park-Snowden ihr Restaurant Kimchi Princess 2009 am Görlitzer Bahnhof eröffnete, war die koreanische Küche hierzulande noch relativ unbekannt. In den Jahren darauf schossen überall in der Stadt neue koreanische Restaurants wie die Pilze aus dem Boden. Heute schwärmt der Berliner so selbstverständlich von leckerem Bibimbap wie von Pizza oder Sushi.

Auch wenn die Auswahl inzwischen größer geworden ist, hat Kimchi Princess noch immer das Zeug zum Lieblingskoreaner. Das liegt am äußerst schmackhaften, authentisch koreanischen Essen, aber auch am stylischen Interieur. Die Gestaltung des Restaurants erinnert mit viel Sichtbeton, urigem Holz und einer Wand im Schiffscontainerlook an südkoreanische Hafenstädte. Das Gesamtpaket begeistert hippe Kreuzberger aus der Nachbarschaft ebenso wie koreanische Geschäftsleute, deutsche Promis oder den Hollywoodstar George Clooney, der hier ebenfalls das berühmte Kimchi probierte.

Früher beglückte Young-Mi mit ihrer Version des säuerlich-scharf eingelegten Chinakohls nur Familie und Freunde, die ihr den Spitznamen »Kimchi Princess« verpassten. Und den gab sie an ihr Restaurant weiter. Auf der Karte steht natürlich das Reisgericht Bibimbap, das im heißen Steintopf serviert wird. Besonders beliebt sind die Barbecue-Spezialitäten, die man am Tisch grillt – im Sommer auch auf der Terrasse. Wenn man hier brutzelnde Speisen genießt, dazu ein koreanisches Bier oder einen Soju-Cocktail trinkt und auf die Leuchtreklame des Restaurants blickt, hat man das Gefühl, in die Straßen von Seoul gebeamt worden zu sein – von Hauptstadt zu Hauptstadt.

Kimchi Princess, Skalitzer Str. 36, 10999 Berlin, Tel. 01 63/458 02 03, www.kimchiprincess.com, So–Do 12–22, Fr, Sa 12–23 Uhr

김치공주
KIMCHI PRINCESS

Bücher & Zeitschriften

TOP 10

1 **Dussmann das KulturKaufhaus** Auf fünf Etagen und über 7300 Quadratmetern gibt es Belletristik, Sach- und Fachbücher, Literatur in anderen Sprachen, Filme, Musik, eine Papeterie und vieles mehr.
www.kulturkaufhaus.de

2 **Buchhandlung Walther König an der Museumsinsel** Mit Blick auf die Museumsinsel kann man hier entspannt in Bildbänden und Büchern aus den Bereichen Kunst, Fotografie, Design oder Mode blättern.
www.buchhandlung-walther-koenig.de

3 **Bücherbogen am Savignyplatz** In den Bögen des historischen Stadtbahn-Viadukts befindet sich eine Buchhandlung, deren Kulisse ebenso reizvoll ist wie das Lektüreangebot.
www.buecherbogen.com

4 **ocelot, not just another bookstore** Dieser Ladenname ist ein Versprechen. Das moderne Interieur, die handverlesene Buchauswahl und das integrierte Café machen ocelot zum beliebten Treffpunkt.
www.ocelot.de

5 **Do you read me?!** Kein gewöhnlicher Zeitschriftenladen, sondern ein Spezialgeschäft für hochwertige, ästhetisch ansprechende, internationale Print-Magazine.
www.doyoureadme.de

6 **Pro qm** In dieser thematischen Buchhandlung liegt der Fokus auf Stadt, Stadtentwicklung und Architektur. Man findet aber auch interessante Bücher zu Kunst, Politik oder Popkultur.
www.pro-qm.de

7 **Hammett Krimibuchhandlung** Ein Paradies für Krimifans. Bis unter die Decke stapelt sich spannende Lektüre: Thriller, Detektivgeschichten, Berlin-Krimis und antiquarische Bücher.
www.hammett-krimis.de

8 **Chatwins** Bücher rund ums Reisen gibt es bei Chatwins: Nicht nur Reiseführer, Bildbände und Landkarten, sondern auch Romane, die am Urlaubsort spielen, oder Kochbücher mit landestypischen Rezepten.
www.chatwins.de

9 **Saint George's** Eine schöne Auswahl an englischsprachiger Literatur – neu und secondhand. Auch Ankauf: Ausgelesene Bücher können zurückgebracht werden.
www.saintgeorgesbookshop.com

10 **Bücherhalle** So hell, großzügig und aufgeräumt sind Antiquariate nur selten. Schon das Betrachten der liebevoll kuratierten Schaufenster ist ein Vergnügen. Drinnen warten bibliophile Schätze auf zwei Etagen.
www.buecherhalle-berlin.de

Pflanzenparadies AUF DEM PARKDECK

Der Klunkerkranich ist ein toller Ort für einen Feierabenddrink.

Wo soll denn hier ein Garten sein? Erstbesucher laufen oft mit verdutzter Miene durch das Einkaufszentrum Neukölln Arcaden, vorbei an Filialen der üblichen Verdächtigen, und suchen nach der grünen Oase, die ihnen versprochen wurde. Vor dem Glücksmoment kommt meist der Überraschungsmoment: Wenn man mit dem Aufzug das Parkdeck 5 erreicht und dann zu Fuß die Rampe zum Parkdeck 6 hochläuft, erblickt man schon die ersten Hochbeete. Oben angekommen, steht man plötzlich in einem wild wuchernden, urbanen Dschungel, der sich bis zum siebten Oberdeck erstreckt. Willkommen im Klunkerkranich!

Der Klunkerkranich ist ein ziemlich komischer Vogel, eine Kreuzung zwischen einer Rooftop-Bar und einem Schrebergarten. Wo einst Autos parkten, hat er sich ein gemütliches Nest gebaut. Der Kulturdachgarten bietet ein abwechslungsreiches Programm: DJ-Sets, Konzerte, Poetry-Slams, Kinoabende und Flohmärkte gehören dazu. Hier kann man sich in der Sonne aalen und Berlin aus der Vogelperspektive betrachten. Die Aussicht von der Dachterrasse ist grandios.

Falls es mal regnen sollte, nimmt man einfach in einem der Indoorbereiche Platz. Die selbst gezimmerten Hütten des kleinen Kulturdorfs und das bunt zusammengewürfelte Mobiliar schaffen eine gemütliche Atmosphäre. Zum besonderen Flair des Klunkerkranich trägt natürlich auch das üppige Grün bei. Der KlunkerGarten wird von einem Urban-Gardening-Verein gehegt und gepflegt. So manches Basilikumblatt, das hier im Cocktail landet, stammt aus dem hauseigenen Kräuterbeet.

GLÜCKSVERSTÄRKER

Im Klunkerkranich kann man wunderbar einen Sundowner trinken. Die Dachterrasse ist ein Hotspot für traumhafte Sonnenuntergänge.

Klunkerkranich, Neukölln Arcaden, Karl-Marx-Str. 66, 12043 Berlin, www.klunkerkranich.org, Öffnungszeiten saisonabhängig (siehe Website)

KlunkerGarten

Ein inspirierender TAG IM GROPIUS BAU

Spannende Ausstellungen, Restaurant und Buchladen unter einem Dach.

In Berlin gibt es keinen Grund, sich über Regentage zu ärgern. Ein grauer Tag eignet sich perfekt dafür, das bunte Kulturprogramm der Hauptstadt zu entdecken. Galerienbummel oder Museumsbesuch? Dank des riesigen Angebots sollte für jeden Geschmack ein Glück verheißendes Kulturerlebnis dabei sein. Zu den wichtigsten und schönsten Ausstellungshäusern der Stadt zählt der Gropius Bau. Das Haus wurde von Martin Gropius und Heino Schmieden im Stil der Renaissance erbaut und 1881 als Kunstgewerbemuseum eröffnet.

Heute kann man in den eleganten Räumlichkeiten des historischen Gebäudes moderne und zeitgenössische Kunst erleben. Die spektakulären Gruppen- und Einzelausstellungen, die hier zu sehen sind, locken Kunstliebhaber aus aller Welt herbei. Schauen mit Werken renommierter Künstler wie Ai Weiwei, Olafur Eliasson, Juergen Teller, Ed Atkins oder Anish Kapoor werden regelmäßig zu Besuchermagneten. Aber auch kulturgeschichtliche und archäologische Ausstellungen gehören zum vielfältigen Programm. Im Gropius Bau kann man wunderbar einen ganzen Tag verbringen, die prächtige Architektur bestaunen und durch verschiedene Ausstellungen schlendern.

Wer zwischendurch Appetit bekommt, muss das Gebäude nicht verlassen, denn seit 2019 gibt es ein neues, sehr empfehlenswertes Museumsrestaurant: Im Beba lässt man sich Köstlichkeiten der jüdischen Küche und frische Salate aus dem Indoor-Garten schmecken. Kaffee und Gebäck stammen von Berlins Baking Queen Cynthia Barcomi. Zum inspirierenden Kulturtag in diesem Ausstellungshaus gehört auch ein Besuch der Buchhandlung Walther König. Hier kann man schöne Bücher und Postkarten kaufen. Oder den Katalog zur Lieblingsausstellung erwerben – als Erinnerung an die glücklichen Stunden im Gropius Bau.

Gropius Bau, Niederkirchnerstr. 7, 10963 Berlin, Tel. 030/25 48 60, www.gropiusbau.de, www.bebarestaurant.com, Mi–Mo 10–19 Uhr

Bella Italia
MITTEN IN NEUKÖLLN

Der Amore Store im Reuterkiez macht Italienliebhaber glücklich.

Freudig pocht das Herz in der Brust, Schmetterlinge flattern im Bauch und auf dem Gesicht macht sich ein Dauerlächeln breit: Das kann nur Liebe sein! Entfacht hat diese Leidenschaft ein Laden im Neuköllner Reuterkiez. Wie ein Kurztrip nach Italien fühlt sich der Besuch im Amore Store an. Die Regale sind gefüllt mit leckeren Manufakturprodukten: Pasta von Faella aus Gragnano, Olivenöl aus Apulien, neapolitanischer Kaffee von der Rösterei Passalacqua, handgeschöpfte Schokolade mit Bergamotte von der Manufaktur Dolci Pensieri und viele weitere Delikatessen machen Lust aufs Kochen und Genießen.

Aber der Amore Store ist weit mehr als nur ein Feinkostgeschäft. Auch Küchenutensilien, Möbel und Mode »made in Italy« gehören zum farbenfrohen Sortiment. Mit Wohnaccessoires von Labels wie Seletti oder Bitossi Home hält das italienische Lebensgefühl Einzug in die eigenen vier Wände. Es gibt außerdem Espressotassen, die an italienische Bars erinnern, Eisbecher im typischen Gelateria-Stil und knallbunte Parmesanreiben.

Inhaberin Kerstin Finger hat nicht nur ihr Herz an Italien verloren, sondern auch Grafikdesign studiert. Daher kennt sie sich mit gutem Verpackungsdesign aus und achtet beim Kuratieren der Lebensmittel sowohl auf Qualität und Geschmack als auch auf ästhetische Gestaltung. Jede simple Tomatendose oder Salzpackung, die man hier kauft, wertet als Dekoobjekt die eigene Küche auf. Amore ist eine Mischung aus entzückendem Tante-Emma-Laden und modernem Concept-Store. Ein Geschäft zum Verlieben!

Amore Store, Sanderstr. 12,
12047 Berlin, Tel. 030/54 61 25 87,
www.berlin.amorestore.de,
Di–Sa 12–18 Uhr

GLÜCKSVERSTÄRKER

Mit den Amore-Präsentkörben beglückt man Italienfans. Für Liebhaber hübscher Etiketten und Verpackungen eignet sich besonders das Geschenkset mit dem vielversprechenden Namen »Package Porn«.

1,20 €
FIAT
MAJANI

Amore

Volle Craft voraus
IN MARIENDORF

BrewDog sorgt bei Bierliebhabern für überschäumende Begeisterung.

Craft-Beer-Brauer sind meist ziemlich stolz auf das Bier, das sie so liebevoll handwerklich produzieren. Daher teilen sie gerne ihr Wissen und zeigen anderen Bierenthusiasten, wie guter Gerstensaft entsteht. Das gilt auch für das Team von BrewDog. Die Craft-Beer-Experten aus Schottland haben 2019 in Mariendorf, im Süden Berlins, eine eigene Brauerei mit Restaurant und schönem Biergarten eröffnet. Auf dem Gelände des ehemaligen Mariendorfer Gaswerks sind außerdem ein Biermuseum, eine Bierschule und ein Souvenirladen entstanden.

Die außergewöhnliche Location namens BrewDog DogTap ist eine Art Freizeitpark für Bierliebhaber. Man kann in der riesigen Werkshalle des aufwendig sanierten Industriedenkmals speisen und sich durch die beeindruckende Bierkarte probieren. Zur Auswahl stehen 60 Biere vom Fass und etwa 100 weitere in Flaschen oder Dosen. Im Sommer genießt man sein frisch Gezapftes im Garten, mit Blick auf den unter Denkmalschutz stehenden Gasometer.

Wer mehr über sein Lieblingsgetränk erfahren möchte, meldet sich für eine der 60-minütigen Brauereitouren an, die bei BrewDog konsequenterweise »Dogwalk« heißen. Während der Führung erkundet man das Sudhaus, in dem pro Sud 100 Hektoliter Bier gebraut werden, und die Pilotanlage, in der Neues getestet wird. Danach gibt es eine kleine Verkostung. Ganz benebelt vom Malz- und Hopfenduft, beschließt man nun vielleicht, sein eigenes Bier zu brauen. Wie das geht, lernen ambitionierte Hobbybrauer in den BrewDog-Braukursen.

GLÜCKSVERSTÄRKER

Keine Zeit für einen Ausflug in die Mariendorfer Bier-Erlebniswelt? Zum Glück gibt es auch eine BrewDog-Bar in Berlin-Mitte (Ackerstr. 29), in der man Bierspezialitäten wie »Punk IPA« oder »Hazy Jane« zischen kann.

BrewDog DogTap Berlin, Im Marienpark 23, 12107 Berlin, Tel. 030/212 34 31 00, www.brewdog.com, Mo–Do 16–23, Fr 16–24, Sa 9–24, So 9–22 Uhr

LIVE
FAST.
DRINK
SLOW.
BREWDOG
PUNK IPA

Statt am Himmel: FLUGZEUGE IM BAUCH

Auf dem Tempelhofer Feld kann man ein Gefühl von Freiheit erleben.

Diese Weite! Diese überraschende Stille! Das Tempelhofer Feld bietet ein Erlebnis, das in der Hauptstadt absolut einzigartig ist: Wer über die Start- und Landebahnen oder die Grünflächen des ehemaligen Flughafens Berlin-Tempelhof läuft, ist oft Hunderte Meter von den nächsten Menschenansammlungen, dem Verkehrslärm und der Hektik des Alltags entfernt. Auf dem einstigen Flughafengelände, das 2010 für die Bewohner der Stadt geöffnet wurde, sind natürlich auch andere Erholungsuchende unterwegs. Doch dank der enormen Größe von über 300 Hektar kommt man sich auf dieser innerstädtischen Freifläche gewöhnlich nicht in die Quere. Hier kann jeder das tun, was ihm am meisten Spaß macht, ohne seine Mitmenschen zu stören: Laut singen oder ein Gedicht aufsagen. Einfach mal die Arme ausbreiten und Flugzeug spielen. Auf den Rücken legen und die Formen der Wolken erraten. Vor Freude Purzelbäume schlagen. Oder natürlich: spazieren gehen, Sonne tanken, Rad fahren, joggen, picknicken, grillen. Die Möglichkeiten der Freizeitgestaltung erscheinen hier so unbegrenzt wie die Fläche selbst.

Im Jahr 2008 wurde der geschichtsträchtige Flughafen, der durch die Luftbrücke während der Berlin-Blockade und seine Rolle als Rosinenbomber-Landeplatz internationale Berühmtheit erlangte, geschlossen. 2014 stimmten die Berliner in einem Volksentscheid dafür, dass ihre große urbane Spielwiese unbebaut bleiben soll. Seitdem haben sich auf dem Tempelhofer Feld viele spannende und kreative Projekte entwickelt: vom Gemeinschaftsgarten über die Minigolfanlage mit künstlerischem Anspruch bis zum Windsportbereich.

Gelände des ehem. Flughafens Tempelhof, zwischen Tempelhofer Damm, Columbiadamm, Oderstraße und Ringbahn, Eingänge im Westen, Norden und Osten, www.gruen-berlin.de/tempelhofer-feld, Öffnungszeiten jahreszeitenabhängig (siehe Website)

GLÜCKSVERSTÄRKER

Dank seiner Weite weht auf dem Tempelhofer Feld meist ein frisches Lüftchen – perfekt, um Drachen steigen zu lassen. Beim »Festival der Riesendrachen«, das jedes Jahr im September von der Wohnungsbaugesellschaft STADT UND LAND veranstaltet wird, schweben bunte, spektakuläre, teils 50 Meter lange Flugobjekte über dem Feld.

www.stadtundland.de

Kunst, Kaffee UND KUPFERKESSEL

Das KINDL in Neukölln ist ein Ausstellungsort der besonderen Art.

Typisch Berlin: Kreative Nutzungskonzepte für historische Industriebauten gibt es überall in der Stadt. Während in Mariendorf jüngst ein altes Gaswerk in eine moderne Craft-Brauerei verwandelt wurde (siehe Seite 136), ist aus einem ehemaligen Brauereigelände in Neukölln ein neuer Treffpunkt für die Kunstszene geworden. 2005 wurde die Neuköllner Kindl-Brauerei stillgelegt. Seit 2016 kann man in den denkmalgeschützten Räumen internationale Gegenwartskunst erleben.

Schon von außen ist das KINDL – Zentrum für zeitgenössische Kunst beeindruckend. Das monumentale Bauwerk, ein schönes Beispiel für den Backsteinexpressionismus der 1920er-Jahre, übt nicht nur auf Kunstinteressierte, sondern auch auf Architekturliebhaber eine starke Anziehungskraft aus. Im Inneren des Industriedenkmals bietet die mehr als 1600 Quadratmeter große Fläche viel Platz für spannende Ausstellungen und ein vielfältiges Rahmenprogramm mit Gesprächsrunden, Filmvorführungen und Konzerten. Auf drei Etagen des ehemaligen Maschinenhauses werden Werkschauen einzelner Künstler sowie Gruppenausstellungen zu verschiedenen Themen gezeigt.

Ein besonders spektakulärer Ausstellungsraum befindet sich im Kesselhaus. Die hier gezeigten Kunstwerke werden eigens für diesen Ort konzipiert. Den Anfang machte 2014 der Schweizer Künstler Roman Signer, der für seine Arbeit »Kitfox Experimental« ein sich drehendes Sportflugzeug in der 20 Meter hohen Halle installierte. Zu den Highlights eines jeden Besuchs im KINDL zählt auf jeden Fall das einstige Sudhaus der Brauerei, das heute ein Café namens Babette beherbergt. Man sitzt an einem Tischchen zwischen den riesigen Kupferkesseln, nippt am Kaffee oder Rollberg-Bier und lässt den imposanten Raum auf sich wirken.

KINDL – Zentrum für zeitgenössische Kunst, Am Sudhaus 3, 12053 Berlin, Tel. 030/832 15 91 20, www.kindl-berlin.de, Mi–So 12–18 Uhr

Interview:

GLÜCKLICHE ERINNERUNGEN, GESAMMELT IN FLAKONS

Im Gespräch mit Stefanie Hanssen, Gründerin von Frau Tonis Parfum

Was kann man in Ihrer »Werkstatt der Düfte« bei einer »Duftreise« erleben?

Wir sind eine Manufaktur, in der viele Schritte mit viel Liebe per Hand gemacht werden. Unsere Düfte werden unter kontrollierten Bedingungen in Europa hergestellt, fernab von der Massenproduktion. Eine Duftreise bietet Duftliebhabern die Möglichkeit, unser Portfolio gemeinsam mit einem Duftexperten kennenzulernen, um im Anschluss gemeinsam ein eigenes Parfum zu kreieren. Viele Individualisten sind auf der Suche nach einem privaten Duft. Diesen Wunsch erfüllen wir.

Würden Sie sagen, dass Düfte glücklich machen können?

Ein Duft kann definitiv als Stimmungsaufheller wirken. Er kann Selbstbewusstsein verleihen und ein Outfit komplettieren. Wenn ich an unser Eau de Parfum »No. 41 Orange« denke, hellt sich meine Stimmung an einem grauen Berliner Wintertag umgehend auf!

Spielen persönliche Erinnerungen dabei eine Rolle?

Wenige Dinge im Alltag rufen Erinnerungen so schnell und intensiv hervor wie ein vertrauter Geruch. Düfte lassen innerhalb von Sekunden vergangene Situationen aufleben, denn kein Sinn ist so eng mit dem Gedächtnis verbunden wie der Geruchssinn. Umso schöner ist es, den Erzählungen der Kunden zu lauschen und in ihr olfaktorisches Tagebuch einzutauchen. Dabei können wohlige Erinnerungen eine direkte Affinität zu einem Duft entstehen lassen.

Sie bieten Berlin-Düfte wie »Berlin Summer« an. Wie fängt man den Duft einer Stadt ein?

Mir geht es darum, ein Gefühl einzufangen, das eine Stadt für mich transportiert. Mit Berlin und insbesondere mit unserem Duft »No. 02 Berlin Summer« verbinde ich Freiheit und Unbeschwertheit. Es ist ein Duft für die ersten Tage ohne Strümpfe. Noten von Limone, Orange und Grapefruit verbinden sich mit der

ätherischen Frische von Melisse und Pfefferminze.

Wann erleben Sie bei Ihrer Arbeit Glücksmomente?

Ich verspüre täglich Glücksgefühle, wenn ich zufriedene Kunden in unserer Manufaktur sehe, die mit leuchtenden Augen in neue Duftwelten eintauchen. Besonders glücklich bin ich auch, wenn eine Idee olfaktorisch umgesetzt werden kann und die monatelange Arbeit zum gewünschten Duft führt.

Frau Tonis Parfum, Zimmerstr. 13, 10969 Berlin, Tel. 030/20 21 53 10, www.frau-tonis-parfum.com, Mo–Sa 10–18 Uhr

Ein Blütentraum
IN ZARTEM ROSA

Unter Kirschbäumen flanieren auf dem ehemaligen Grenzstreifen.

Ein Meer aus rosafarbenen Blüten, dazu schönstes Frühlingswetter und ein Picknick auf der Wiese. Wer das japanische Kirschblütenfest Hanami erleben möchte, braucht nicht unbedingt ein Flugticket nach Fernost, sondern fährt einfach mit der S-Bahn an den südlichen Stadtrand von Berlin. Am Berliner Mauerweg zwischen Teltow und Lichterfelde befindet sich die längste Kirschbaumallee von ganz Berlin und Brandenburg. Jedes Jahr im Frühling verwandelt sich der Grünstreifen auf dem ehemaligen Todesstreifen zwischen der DDR und West-Berlin in ein rosa Blütenband.

Ende April wird hier alljährlich das Kirschblütenfest gefeiert: mit buntem Bühnenprogramm, japanischen Speisen und Getränken, Kunst, Handwerk und Musik. Auf dem Spaziergang entlang der Allee begegnen einem zwischen den üppig blühenden Bäumen immer wieder feenhafte Gestalten. Das Fest lockt auch Cosplay-Fans herbei, die sich für japanische Comics und Zeichentrickfilme begeistern und fantasievoll kostümiert das Hanami zelebrieren.

»TV-Asahi-Kirschblütenallee« heißt dieser besondere Ort: Denn die über 1000 Bäume, die hier auf einer Strecke von etwa zwei Kilometern stehen, waren ein Geschenk der japanischen Bevölkerung anlässlich der deutschen Wiedervereinigung 1990. Hinter dieser Idee steckte ein japanischer TV-Sender, der Spenden für das großzügige Präsent sammelte. In Japan ist das Kirschblütenfest traditionell einer der Höhepunkte des Jahres. Die Schönheit der Kirschblüte – »Sakura« heißt sie im Japanischen – wird ausgiebig gefeiert. Es geht dabei um das Genießen des Augenblicks, denn auch dieser Glücksmoment ist flüchtig: Nach etwa zwei oder drei Wochen ist die pastellfarbene Blütenpracht verblüht.

Japanisches Kirschblütenfest Hanami, TV-Asahi-Kirschblütenallee, 14513 Teltow, www.hanamifest.org, Termin: jedes Jahr am letzten Sonntag im April, S Lichterfelde Süd

Neuer See
Tiergarten-
Landwehrkanal
ufer
Fasanen-str.
Hardenberg-str.
Hertzallee
Goethe-str.
Stein-pl.
Museum für Fotografie/
Helmut Newton Stiftung
Zoo
Grolmanstr.
Knesebeck-str.
Carmerstr.
Hotel am Steinplatz
Uhland-str.
Theater des Westens
Bikini Berlin
P & T
Kant-str.
Savigny-platz
Aquarium
NENI
Kantstr.
Budapester
Europa Center
Die Stachelschweine
Fasanenstr.
Str.
Tauentzienstr.
Kurfürsten-damm
Augsburger Str.
Joachimstaler Str.
Theater u. Komödie am Kurfürstendamm
str.
Rankepl.
Lietzenburger Str.
Schaper-str.
Pfalzburger Str.
Berliner Festspiele
Ludwigkirch-str.
Benedict
Fasanen-
Pariser Str.

Der Westen

Im Westen gibt es viel Neues zu entdecken. Nach dem Mauerfall fanden die spannendsten Entwicklungen zunächst im früheren Ost-Berlin statt. Doch nun erfindet sich auch das alte West-Berlin neu und macht mit aufsehenerregender Architektur sowie innovativen Shop- und Gastronomiekonzepten den Szenevierteln im Osten Konkurrenz. Weiter draußen ist der Westen grün und wasserreich. Im Grunewald und am Wannsee kann man wunderbar spazieren gehen. Oder man mietet ein Boot für eine beglückende Seefahrt.

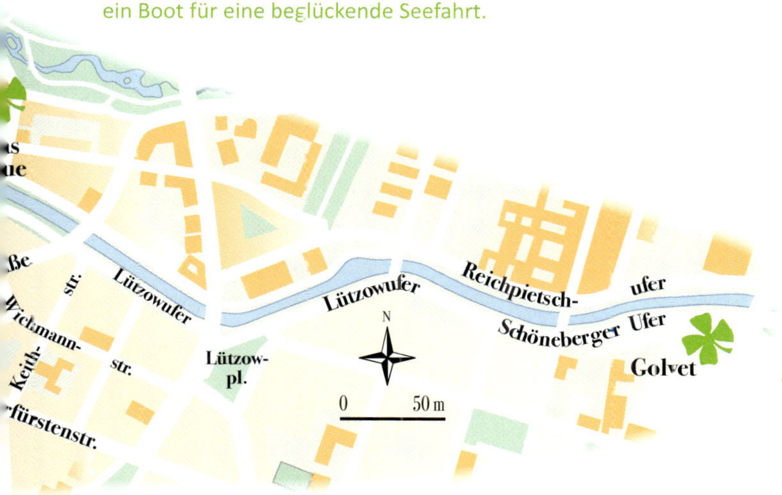

Einkaufsbummel mit ÄFFCHEN UND OCTOPUSSY

Im Bikini Berlin kann man shoppen, schlemmen und Zootiere bestaunen.

Wenn ein Freund regelmäßig »im Bikini einkaufen geht«, zuckt in Berlin keine Augenbraue. Das liegt einerseits daran, dass Berlin eine äußerst tolerante Stadt ist. Außerdem hat wohl fast jeder Berliner schon mal vom Bikini Berlin gehört, dem neuartigen Shoppingparadies zwischen Zoologischem Garten und Gedächtniskirche. In dieser Ecke der Stadt hat sich in den vergangenen Jahren viel getan. Direkt nach der Wende machte vor allem das ehemalige Ost-Berlin mit seinen frisch entstandenen Szenevierteln sowie spannenden Shops und Restaurants von sich reden. Nun holt die City West auf: Am Bahnhof Zoo sind neue Hoteltürme in die Höhe gewachsen, zahlreiche historische Bauten wurden liebevoll restauriert und modernisiert.

Dazu zählt auch das in den 1950er-Jahren erbaute Bikinihaus, das 2014 als Concept Shopping Mall namens Bikini Berlin neu eröffnet hat. Kreuzt man eine herkömmliche Shopping Mall mit einem modernen Concept-Store, so entsteht ein Einkaufszentrum mit besonderem Konzept. Im Bikini Berlin findet man einen Mix an Läden, die es nicht überall gibt. Wirklich einzigartig ist aber die Markthallen-Atmosphäre, die sich aus der Vielfalt der »Pop-up-Boxen« ergibt. Diese hölzernen Mini-Läden werden alle paar Monate neu vermietet, sodass man beim Flanieren durch die Halle stets andere interessante Produkte entdecken kann.

Ein wunderbarer Ort für einen Boxenstopp während des Shoppingbummels ist die Sitzfläche am Panoramafenster mit Aussicht auf den Affenfelsen des benachbarten Zoos. Man genießt einen Kaffee und beobachtet dabei die Mantelpaviane, die ungeniert zurückstarren. Einen ebenso spektakulären Zoo-Blick ermöglicht die 7000 Quadratmeter große begrünte Dachterrasse. Hier kann man mitten in der Stadt »im Bikini« sonnenbaden.

Bikini Berlin,
Budapester Str. 38–50, 10787 Berlin,
Tel. 030/55 49 64 55,
www.bikiniberlin.de,
Mo–Sa 10–20 Uhr

GLÜCKSVERSTÄRKER

Im Kantini Foodmarket (1. OG) setzt sich das Pop-up-Konzept fort: Die wechselnden Verkaufsstände bieten immer wieder neue kulinarische Leckerbissen. Empfehlenswert sind aber auch die exquisiten Hotdogs, die Sternekoch Björn Swanson im The Dawg (2. OG) serviert. Das Highlight der Karte: »Octopussy«, ein Hotdog mit gegrilltem Tintenfisch.

Traumhaftes Revier
FÜR FREIZEITKAPITÄNE

Kurs auf Erholung: Mit einem Mietboot die Berliner Gewässer erkunden.

Sobald die Temperaturen steigen, zieht es die Berliner aufs Wasser. Ob Tretboot, Kanu, Floß oder SUP-Board, schicke Jacht oder uriger Kahn Marke Eigenbau – alles, was schwimmt, tummelt sich an sonnigen Tagen auf den Seen und Flüssen der Hauptstadt. Die hiesigen Reedereien bieten zwar viele schöne Ausflugsfahrten an, doch wer lieber selbst das Steuer in die Hand nimmt und den Kurs festlegt, leiht sich ein Boot für eine ganz individuelle Erkundungstour. »Ich stech' in See, Wannsee ahoi«: Der Song der Band Nylon ist der perfekte Soundtrack für eine Seefahrt. Diese kann einen aber auch in unbekanntere Gefilde der Fluss- und Seenlandschaft führen.

Abseits der großen Wasserstraßen warten stille Buchten, einsame Strände und romantische Inseln darauf, entdeckt zu werden. Durch das Kanallabyrinth von Neu-Venedig tuckern, über die Havel bis nach Werder flitzen oder an einem grünen Ufer vor Anker gehen: In und um Berlin ist all das möglich – und noch viel mehr. Wasser hat bekanntlich eine beruhigende Wirkung. Das spürt man deutlich, wenn man einen Tag auf den Berliner Gewässern verbringt.

Bei einem Zwischenstopp in der Ankerbucht kann man baden, picknicken, die Füße ins Wasser und die Seele baumeln lassen. Der Alltag ist plötzlich ganz weit weg. Dank des großen Angebots an Führerschein-freien Motorbooten können Freizeitkapitäne auch ohne Lappen die Wasserstraßen unsicher machen. Wichtig ist jedoch eine gründliche Einweisung durch den Verleiher, denn auch auf den Wasserstraßen gibt es Verkehrsregeln. Wer einen längeren Urlaub auf dem Wasser plant, braucht ein Schiff mit Kajüte, gemütlichen Kojen und Kombüse. Zum Glück haben die Berliner Charter-Anbieter auch Hausboote für jeden Geschmack parat.

Bootsverleiher: www.spreepoint.de, www.spreeboote.de, www.bootsverleih.bootsjunge.de, www.wasserkutsche.com, www.nautilus-hausbootcharter.de

Hotel mit viel Charme IN CHARLOTTENBURG

Am Steinplatz kann man tiefenentspannt in den Tag starten.

Guten Morgen, Berlin! Wenn das Sonnenlicht sanft durch die Vorhänge fällt und die Vögel in den Bäumen am Steinplatz zwitschern, wird es langsam Zeit, den Kopf vom fluffigen Kissen zu erheben. Ob wohl auch Romy Schneider so erholt erwachte, als sie einst hier logierte? Das heutige Hotel am Steinplatz gibt es erst seit 2013, doch das Haus selbst hat schon viel erlebt. Kein Geringerer als August Endell, der Architekt der Hackeschen Höfe, entwarf das Jugendstil-Schmuckstück mit der markanten Fassade. Das Gebäude war mal Wohnhaus, mal Grandhotel mit prominenten Gästen wie Heinrich Böll, Günter Grass, Brigitte Bardot oder Luciano Pavarotti. Es beherbergte ein Offizierskasino, eine legendäre Künstlerbar und später ein Seniorenheim.

Nach längerem Leerstand wurde das Baudenkmal behutsam saniert und in ein modernes Boutiquehotel verwandelt. Die 84 Zimmer sind individuell eingerichtet, und das Design spiegelt den eleganten Stil der 1920er-Jahre wider. Diesem charmanten Hotel gelingt der Spagat zwischen Luxus und Lässigkeit. Als Gast fühlt man sich vom ersten Moment an herzlich empfangen und rundum perfekt betreut. Äußerst reizvoll ist auch die zentrale und zugleich erstaunlich ruhige Lage. Viele Sehenswürdigkeiten der City West erreicht man bequem zu Fuß. Vor der Erkundungstour lockt das leckere Frühstück, das man am besten im Wintergarten mit Blick in den grünen Innenhof verzehrt. Im hauseigenen Spa kann man einen weiteren Wohlfühlmoment erleben: die vitalisierende »Romy Schneider Express«-Massage.

GLÜCKSVERSTÄRKER

Das Hotel ist nicht nur bei Städtereisenden beliebt. Auch Berliner gönnen sich hier gerne mal ein Wellnesswochenende. Im hervorragenden Restaurant am Steinplatz und in der Hotelbar trifft man ebenfalls Stammgäste aus der Nachbarschaft.

Hotel am Steinplatz, Steinplatz 4, 10623 Berlin, Tel. 030/554 44 40, www.hotelsteinplatz.com

am Steinplatz

1 **Zoo Palast** Im liebevoll restaurierten Traditionskino finden oft glamouröse Filmpremieren statt. Highlights: der Große Saal und die als Bibliotheken gestalteten Clubkinos.
www.zoopalast.premiumkino.de

2 **Kino International** Das ikonische Bauwerk der DDR-Nachkriegsmoderne begeistert Cineasten und Architekturliebhaber mit 1960er-Jahre-Interieur, Panoramabar und handgemalten Filmplakaten.
www.yorck.de/kinos/kino-international

3 **Babylon** Seit 1929 gibt es das Babylon und seine Kinoorgel. Äußerst sehenswert: Stummfilmaufführungen, die live von der Hausorganistin oder vom Orchester begleitet werden.
www.babylonberlin.eu

4 **Astor Film Lounge** Entspanntes Kinoerlebnis mit Begrüßungsgetränk, kostenloser Garderobe, luxuriösen Ledersesseln, Fußhockern und À-la-carte-Service am Platz.
www.berlin.premiumkino.de

5 **Kino in der KulturBrauerei** Multiplex mit angenehmer Atmosphäre und Industrieflair auf dem ehemaligen Brauereigelände in Prenzlauer Berg.
www.cinestar.de/berlin-kino-in-der-kulturbrauerei

6 **Sputnik Kino** Um das Kultkino zu erreichen, muss man drei Hinterhöfe durchqueren und fünf Stockwerke erklimmen. Belohnt wird man mit einem schönen Blick über Kreuzberg und ausgewählten Independent-Filmen.
www.sputnik-kino.com

7 **Delphi LUX** Eines der jüngsten Berliner Kinos mit sieben Sälen, modernster Technik, außergewöhnlichem Interior Design und spannendem Lichtkonzept.
www.yorck.de/kinos/delphi-lux

8 **Hackesche Höfe Kino** Beliebtes Programmkino in den historischen Hackeschen Höfen, das Filme in der Originalfassung – meist mit deutschen oder englischen Untertiteln – zeigt.
www.hoefekino.de

9 **Eva Lichtspiele** Sympathisches Kiezkino in Wilmersdorf mit nostalgischem Neonschriftzug an der Fassade. Das 1913 eröffnete Filmtheater zählt zu den ältesten Kinos der Stadt.
www.eva-lichtspiele.de

10 **Cinema Paris** Fans der französischen Filmkunst fühlen sich im eleganten Kinosaal des Cinema Paris, das 1950 im Kulturzentrum »Maison de France« eröffnet wurde, wie zu Hause.
www.yorck.de/kinos/cinema-paris

Dinieren mit Blick AUF DEN URBANEN DSCHUNGEL

An diesem Berlinpanorama kann man sich gar nicht sattsehen.

Die Köstlichkeiten, die im NENI auf den Tisch kommen, sind zwar äußerst ansehnlich, aber sie haben starke Konkurrenz: Immer wieder wandert der Blick zum Fenster. Das Restaurant im zehnten Stock des 25hours Hotels Bikini Berlin serviert zum Essen ein atemberaubendes Panorama. Durch sechs Meter hohe, bodentiefe Fenster sieht man die Stadt aus der Vogelperspektive. Wer unter Höhenangst leidet, sollte die Sitzplätze direkt an der gläsernen Fassade meiden. Bei allen anderen sind diese Plätze heiß begehrt.

Vom Dachrestaurant blickt man auf die Skyline der City West, in Richtung Zoo und Tiergarten. Die Gehege des Zoologischen Gartens liegen einem zu Füßen, und über dem Blätterdach gleiten Reiher durch die Lüfte, die in den Baumkronen nisten. Am Horizont erblickt man Flugzeuge. Und wer zur richtigen Tageszeit seinen Tisch im NENI reserviert, kann einen traumhaften Sonnenuntergang erleben. Dabei lässt man sich raffinierte Speisen schmecken, die israelische Küche mit arabischen, mediterranen, deutschen und österreichischen Einflüssen verbinden. Nach dem Essen lockt die Monkey Bar (siehe Seite 14) gleich nebenan mit Cocktails und DJ-Sets.

NENI Berlin, Budapester Str. 40, 10787 Berlin, Tel. 030/120 22 12 00, www.neniberlin.de, Mo–Fr 12–23, Sa, So 12.30–23 Uhr

Für Nachteulen UND FRÜHAUFSTEHER

Schlaflos in Berlin? Dann auf ins 24/7-Restaurant Benedict!

Für viele ist das Frühstück die schönste Mahlzeit des Tages. Daher wäre es schade, wenn man nur morgens frühstücken könnte. Es gibt jede Menge Cafés und Restaurants in Berlin, die bis in die späten Nachmittagsstunden Frühstück oder Brunch anbieten. Schließlich ist die deutsche Hauptstadt als Partymetropole bekannt. Und wer lange feiert, steht meist nicht früh auf. Doch was tun, wenn einen der Frühstücksheißhunger zu einer ganz ungewöhnlichen Tages- oder Nachtzeit packt?

Für alle, die es abends gegen 20 Uhr oder um 3 Uhr morgens nach Müsli, Eiern und Pfannkuchen gelüstet, gibt es das Benedict in Wilmersdorf, das täglich 24 Stunden geöffnet hat und ausschließlich Frühstück serviert. Dieses Erfolgskonzept stammt aus Tel Aviv, und das Berliner Restaurant ist das erste Benedict außerhalb Israels. Auf der Karte stehen natürlich die namensgebenden Eggs Benedict – und zwar in vielen Varianten. Die pochierten Eier auf Brot mit Sauce Hollandaise werden hier beispielsweise um Räucherlachs, Spinat, Shrimps oder Avocado bereichert. Im Benedict gibt es aber nicht nur Eiweißschock »around the clock«. Bei der enormen Auswahl an internationalen Frühstücksgerichten sollte für jeden Geschmack etwas dabei sein.

Das Angebot reicht vom englischen oder russischen Frühstück über das vietnamesische Omelette bis hin zu süßen Leckereien wie French Toast und Pancakes. Da sich das Benedict im Erdgeschoss des Max Brown Hotels befindet, schlemmen hier Berliner neben Besuchern aus aller Welt. Die leckeren, hübsch angerichteten Speisen und das stylische Interieur gehören zu den beliebtesten Fotomotiven der Stadt. Dieses Frühstückslokal ist nicht nur 24/7 geöffnet, es ist auch alles andere als 08/15.

Benedict, Uhlandstr. 49, 10719 Berlin, Tel. 030/994 04 09 97, www.benedict-breakfast.de, Mo–So durchgehend geöffnet, Reservierungen erst ab 16 Uhr möglich

GLÜCKSVERSTÄRKER

Zu den klassischen Frühstückszeiten und am Wochenende ist es im Benedict oft rappelvoll. Während man auf einen freien Tisch wartet, kann man sich die Zeit im hauseigenen Bäckerei-Shop vertreiben und sich dort einen Kaffee – und vielleicht ein frisch aus dem Ofen geholtes Küchlein als Vorspeise – gönnen.

Schöner shoppen
IN SCHÖNEBERG

Im Akazienkiez kann man bummeln und in kleinen Läden stöbern.

Berlin ist eine Shoppingmetropole mit äußerst vielfältigem Angebot. So mancher Besucher der Stadt erfreut sich an den gut sortierten Kaufhäusern, den zahlreichen Einkaufszentren oder den Boutiquen internationaler Luxusmarken, die auf dem Ku'damm und in der Friedrichstraße angesiedelt sind. Wer lieber durch Seitenstraßen flaniert und in kleinen, individuellen Geschäften nach besonderen Schätzen sucht, findet sein Shoppingglück in Schöneberg.

Akazien-, Goltz- und Winterfeldtstraße sind ein wahres Einkaufsparadies für Individualisten und Genießer. Hier gibt es kleine Mode- und Schuhläden sowie Wein- und Buchhandlungen, in denen man noch persönlich beraten wird. Feinkostgeschäfte wie Viani (Akazienstr. 1) und Südwind Leibspeisen (Akazienstr. 7) lassen Foodies das Wasser im Mund zusammenlaufen. Die Chocolaterie Estrellas (Akazienstr. 21) und Winterfeldt Schokoladen (Goltzstr. 23) betören mit ihrem süßen Duft. Pikilia (Goltzstr. 5) bietet griechische Feinkost und Olivenöl aus eigenem Anbau, Sironi (Goltzstr. 36) italienische Backwaren. Kochwerkzeuge und Gewürzmischungen kauft man bei Kochen & Würzen (Goltzstr. 51), hübsche Wohnaccessoires bei The Goods (Goltzstr. 13), Grußkarten und Geschenkpapier in der Papeterie Moranga (Winterfeldtstr. 46).

Kleine Stärkung gefällig? Wie wäre es mit leckerer Pasta von Vini e Salumi (Akazienstr. 14), einem Falafel-Teller von Habibi (Akazienstr. 9, Goltzstr. 24) oder mediterranen Köstlichkeiten von Meyan (Goltzstr. 36)? Wer am Mittwoch oder Samstag im schönen Schöneberg auf Shoppingtour geht, kann außerdem über den Winterfeldtmarkt schlendern, der zu den bekanntesten Berliner Wochenmärkten zählt.

Akazienstraße, Goltzstraße und Winterfeldtstraße, 10781–10823 Berlin,
www.viani.de,
www.estrellas-chocolaterie.com,
www.winterfeldt-laden.de,
www.kochenundwuerzen.de,
www.the-goods.de,
www.moranga.de,
www.meyan-berlin.de

GLÜCKSVERSTÄRKER

Besonders zauberhaft ist der auf skandinavisches Design spezialisierte Laden Nordliebe. Hier gibt es liebevoll zusammengestellte Möbel und Accessoires, mit denen man sein Zuhause hyggelig einrichten kann. Historische Fliesen von Villeroy & Boch mit Blumenmuster schmücken die Wände.

Goltzstr. 18, 10781 Berlin, www.nordliebe.com

Romantische

RUDERPARTIE IM TIERGARTEN

Am Neuen See ein Boot leihen und sich einfach mal treiben lassen.

Nahezu lautlos gleitet das Boot über den See. Bunt schillernde Libellen schwirren in der Luft, und auf einem knorrigen Ast sonnt sich eine Schildkröte. Kaum zu glauben, dass sich dieses Naturidyll mitten im Zentrum einer quirligen Millionenmetropole befindet. Der Große Tiergarten ist Berlins Central Park. Mit einer Fläche von 210 Hektar bietet die innerstädtische Parkanlage reichlich Platz, um spazieren zu gehen, sich zu erholen und frische Luft zu tanken. Je tiefer man in das Meer aus grünem Laub eintaucht, desto weiter entfernt erscheint das Großstadtleben.

Am Neuen See im Westen des Tiergartens fühlt man sich durch die hohen Bäume ringsum abgeschirmt von jeglicher Art von Alltagsstress. Das Getose der Stadt wird zum dezenten Rauschen. Lauschige Plätze am Seeufer bietet das Café am Neuen See, kurz CaNS, ein traditionsreiches Ausflugsziel, das weit mehr ist als nur ein Café. Im CaNS kann man sich ein Ruderboot leihen, um ein paar Runden auf dem See zu drehen. Romantisches Date, Familienausflug oder Solo-Seefahrt – auf dem Wasser kann man herrlich entspannen.

Wer kräftig rudert, spart sich den Gang ins Fitnessstudio. Oder man lässt sich einfach mal treiben und taucht die Füße ins kühle Nass. Die Ruhe genießt man hier vor allem von Montag bis Freitag, denn an warmen Sommerwochenenden sind meist alle Boote vermietet und man muss den anderen Freizeitkapitänen ausweichen. Nach der Seefahrt kann man sich im Biergarten des Café am Neuen See ein kühles Blondes genehmigen.

GLÜCKSVERSTÄRKER

Das Café am Neuen See ist vor allem für seinen idyllisch gelegenen Biergarten bekannt. Nicht jeder weiß, dass man im CaNS-Restaurant auch hervorragend speisen kann – und zwar zu jeder Jahreszeit.

Café am Neuen See, Lichtensteinallee 2, 10787 Berlin, Tel. 030/254 49 30, www.cafeamneuensee.de, Start der Ruderbootsaison: Mitte/Ende April

Liebe auf den ZWEITEN BLICK

Die Potsdamer Straße beglückt mit ihrem einzigartigen urbanen Mix.

Diese Straße polarisiert. Für die einen ist die Potsdamer Straße, auch »Potse« genannt, eine hässliche, laute Verkehrsader, auf der man öfter mal im Stau steht. Für die anderen zählt sie zu den spannendsten und inspirierendsten Ecken Berlins. Schön im klassischen Sinne ist sie jedenfalls nicht. Wer am liebsten auf den breiten, begrünten Gehwegen prachtvoller Boulevards flaniert, ist am Kurfürstendamm besser aufgehoben.

Die knapp drei Kilometer lange Potsdamer Straße erstreckt sich vom Potsdamer Platz bis zum Kleistpark in Schöneberg und verändert dabei immer wieder ihr Erscheinungsbild. Durch den Mauerbau 1961 wurde die viel befahrene Straße zur Sackgasse. Lange Zeit machte dieser Teil West-Berlins vor allem als Rotlichtviertel und Drogensumpf von sich reden. Nach dem Mauerfall floss der Autoverkehr zwar wieder, aber sonst bewegte sich in der »Potse« nicht allzu viel.

Erst vor etwa zehn Jahren begann der Wandel. Künstler und andere Kreative entdeckten das Potenzial der Gewerbeflächen entlang der Potsdamer Straße. Zahlreiche Galeristen kehrten dem inzwischen glatt sanierten Bezirk Mitte den Rücken und fühlten sich vom rauen Charme der »Potse« angezogen. Schicke Modeläden und Restaurants folgten. Los ging es rund um das ehemalige *Tagesspiegel*-Gebäude. Die Zeitung zog 2009 an den Askanischen Platz um und ließ leere Räume zurück, für die sich schnell Interessenten fanden.

Zu den »Potse«-Pionieren zählt Andreas Murkudis, der 2011 in der ehemaligen Druckerei des *Tagesspiegel* im Hinterhof (Nr. 81) seinen großen Concept-Store eröffnete. Wenn man heute im hippen Abschnitt der »Potse« zwischen Landwehrkanal und Kurfürstenstraße spazieren geht, kann man den faszinierenden urbanen Mix aus Straßenstrich, Wettbüros, Dönerbuden, alteingesessenen Läden, Kunstgalerien und edlen Boutiquen erleben.

Potsdamer Straße, 10785 Berlin, www.andreasmurkudis.com

GLÜCKSVERSTÄRKER

Die »Potse« ist auch kulinarisch vielfältig: Im edlen Restaurant Sticks'n'Sushi (Nr. 85) gibt es japanisch-dänische Küche. Libanesische Feinkost für zu Hause kauft man bei Harb (Nr. 93). Und auf der Terrasse des türkischen Atlantik Fischrestaurant (Nr. 166) kommt Urlaubsstimmung auf.

www.sticksnsushi.com,
www.harb-gmbh.de,
www.atlantikfischladen.de

Kulinarischer Hochgenuss

ÜBER DEN DÄCHERN DER STADT

Das Restaurant Golvet vereint Sterneküche mit Berliner Lässigkeit.

Erste Glücksgefühle kommen schon beim Betreten dieses Restaurants auf. Das Golvet befindet sich im achten Stock des Loeser & Wolff-Gebäudes am Schöneberger Ufer und begeistert spontan mit seiner Aussicht auf den Potsdamer Platz und die ganze Stadt. In der offenen Küche herrscht emsiges Treiben. Der Gast wird von wunderbaren Düften begrüßt, die einen Vorgeschmack auf das liefern, was später den Gaumen erfreuen wird.

Der innovative Gourmettempel wurde im Mai 2017 eröffnet und bereits ein halbes Jahr später mit einem Michelin-Stern ausgezeichnet. Küchenchef Björn Swanson und sein Team zaubern hier aus saisonalen, nachhaltigen Zutaten wahre Kunstwerke. Jeder Teller, der im Golvet auf dem Tisch landet, ist so schön wie ein Gemälde. Die kulinarischen Ideen und Ingredienzen stammen aus Berlin, Brandenburg und Europa.

Sternekoch Björn Swanson hat schwedische Wurzeln und gab dem Restaurant seinen Namen. »Golvet« ist das schwedische Wort für »Boden« und zugleich ein Versprechen: dass die gehobene Küche, die hier serviert wird, nicht zu abgehoben ist. Trotz aller Auszeichnungen möchte man sich eine gewisse Bodenständigkeit bewahren. Im Golvet stehen schon mal Fastfood-Klassiker wie Dürüm Döner auf der Karte, aber neu interpretiert und auf Sterneniveau.

Die lässige Berliner Attitüde spiegelt sich auch im Ambiente wider: Hier trifft elegantes Interieur auf Street-Art verschiedener Künstler. Für einen besonderen Glücksmoment sorgt das vor Ort gebackene Brot mit Salz-Karamell-Butter. Einfach göttlich!

GLÜCKSVERSTÄRKER

Am 13 Meter langen Tresen der Golvet-Bar beglückt Barchef Andreas Andricopoulos seine Gäste mit rekordverdächtiger Aquavit-Auswahl und nordisch inspirierten Drinks wie dem »Scandinavian Smash«.

Golvet, Potsdamer Str. 58, 10785 Berlin, Tel. 030/89 06 42 22, www.golvet.de, Di–Sa 19–24 Uhr

Vom Frühjahrsblüher
BIS ZUM WINTERZAUBER

Im Botanischen Garten keimen zu jeder Jahreszeit Glücksgefühle auf.

Stadtmenschen sehnen sich manchmal nach Naturnähe. Wenn man den Wechsel der Jahreszeiten mit allen Sinnen erleben möchte, fährt man am besten in den Botanischen Garten Berlin. Die 43 Hektar große grüne Oase in Dahlem zählt mit ihren mehr als 20 000 verschiedenen Arten zu den bedeutendsten Botanischen Gärten der Welt. Unter freiem Himmel und in den Gewächshäusern kann man die enorme Vielfalt der Pflanzenwelt bestaunen: von den Moosen im Moosgarten, deren Besonderheiten nur mit der Lupe zu erkennen sind, bis zu den imposanten Palmen im Großen Tropenhaus.

Im Frühling erwacht die Natur aus dem Winterschlaf und die Wiesen im Botanischen Garten verwandeln sich in ein zauberhaftes Blütenmeer. Besucher können sich an den ersten wärmenden Sonnenstrahlen und am Anblick von Märzenbechern, Krokussen oder Primeln erfreuen. Im Sommer lockt die Botanische Nacht, ein rauschendes Open-Air-Fest mit Kleinkunst, Artistik und Musik. Beim Herbstspaziergang entdeckt man buntes Laub an Bäumen und Sträuchern. Im Winter wird der Dahlemer Garten zum Christmas Garden, einer stimmungsvoll illuminierten und musikalisch untermalten Weihnachtswelt. Der Botanische Garten zeigt sich das ganze Jahr über von seiner schönsten Seite. Also: Ab in die Botanik!

Botanischer Garten Berlin, Königin-Luise-Str. 6–8, 14195 Berlin, weiterer Eingang: Unter den Eichen 5–10, 12203 Berlin, Tel. 030/83 85 01 00, www.bgbm.org, tgl. 9–20 Uhr

GLÜCKSVERSTÄRKER

Sie wollen Pflanzen nicht nur vor Ort bewundern, sondern auch mit nach Hause nehmen? Dann besuchen Sie doch mal den Berliner Staudenmarkt. Zweimal im Jahr – im April und September – wird der Botanische Garten zum Marktplatz. Neben einem großen Angebot an Stauden gibt es auch Saatgut, Kräuter, Sukkulenten und vieles mehr.

www.berliner-staudenmarkt.de

Zum Brunch IN DIE BOTSCHAFT

Direkt nach dem späten Frühstück geht es zu den tierischen Nachbarn.

Reisenden bietet Das Stue eine äußerst stilvolle Unterkunft. Doch auch Berliner können im eleganten Boutiquehotel so manchen Glücksmoment erleben, wenn sie das Spa, die Restaurants oder die Bar besuchen. Hinter der historischen Fassade des ehemaligen Botschaftsgebäudes warten elegante, von der renommierten Designerin Patricia Urquiola gestaltete Räume darauf, entdeckt zu werden.

Im Stue kann man ganz ausgezeichnet frühstücken und brunchen. Der katalanische Küchenchef und Sternekoch Paco Pérez bereichert das üppige Frühstücksbüfett stets mit schmackhaften Gerichten aus seiner Heimat. Wer auf der Terrasse im Innenhof Platz nimmt, einer zauberhaften grünen Oase, kann einen Blick auf die ungewöhnlichen Nachbarn erhaschen: Antilopen, Strauße und Emus. Das Hotelgrundstück grenzt nämlich direkt an die Gehege des Berliner Zoos.

Das Stue, Drakestr. 1, 10787 Berlin, Tel. 030/311 72 20, www.das-stue.com

GLÜCKSVERSTÄRKER

Gäste des Hotels gelangen ohne Umwege oder Warteschlangen in den benachbarten Zoo. Und zwar über den hauseigenen Zoozugang, eine kleine Pforte auf der Terrasse. Zoo-Tickets bekommt man an der Hotelrezeption.

Schockverliebt
IM ZOO BERLIN

Niedlicher Nachwuchs zaubert Tierliebhabern ein Lächeln ins Gesicht.

Süüüüüüß! So oder so ähnlich klingt es, wenn Zoofans in einem Gehege Jungtiere erspähen. Der 1844 gegründete Zoologische Garten Berlin gehört zu den beliebtesten Sehenswürdigkeiten der Stadt und lockt jedes Jahr Millionen von Besuchern auf das 33 Hektar große Gelände in der City West. Ein Publikumsmagnet sind die schnuckeligen Tierbabys, die hier zur Welt kommen. Große, neugierige Augen, winzige Stupsnäschen, fluffiges Fell und tapsige Bewegungen: Dem Reiz des Kindchenschemas kann sich kaum jemand entziehen. Wenn der tierische Nachwuchs seine ersten, noch unbeholfenen Schritte wagt oder ganz ausgelassen auf einer Wiese herumtollt, geraten Beobachter unweigerlich in Verzückung.

Im Zoo Berlin wurden goldige Jungtiere wie der Eisbär Knut und die Pandazwillinge Pit und Paule geboren, die weit über die Stadtgrenzen hinweg Promistatus erlangten. Aber auch andere Zoobewohner haben süße Kinder. Der kleine Knirps der Bonobofamilie ist ebenso herzig wie der kulleräugige Seehundnachwuchs, ein flauschiges Mini-Erdmännchen oder das frisch geschlüpfte Flamingoküken.

Zoo Berlin, Hardenbergplatz 8, 10787 Berlin, Tel. 030/25 40 10, www.zoo-berlin.de, Öffnungszeiten jahreszeitenabhängig (siehe Website)

Indian Summer: HERBST IM GRUNEWALD

Bei einer Seeumrundung kann man das Farbfeuerwerk der Bäume bewundern.

Es ist diese grandiose Kombination aus bunten Blättern, blauem Himmel und goldenem Sonnenlicht, die einen Herbstspaziergang zum Glücksmoment macht. Beim Naturschauspiel »Indian Summer« denkt man spontan an Nordamerika, doch auch im Berliner Grunewald kann man sich am Anblick prachtvoll verfärbter Baumkronen erfreuen. Und zwar bei einer Wanderung um den Schlachtensee und die Krumme Lanke, zwei schlauchförmige Gewässer, die zur Grunewaldseenkette gehören. Dank ihrer durchgängigen Uferwege können die Seen komplett umrundet werden: eine Strecke von knapp zehn Kilometern. Oder man entscheidet sich für nur einen der beiden Seen.

An allen Seiten sind sie von Wald umgeben, und das Farbenspiel der Bäume spiegelt sich im Wasser. Bei jedem Schritt raschelt das Laub unter den Füßen. Der typische Herbstduft liegt in der Luft und bringt einen Hauch von Wehmut mit sich, weil man das Ende des Sommers förmlich riechen kann. Dazu gesellt sich aber auch die Vorfreude auf die gemütliche Jahreszeit – und auf den Einkehrschwung nach der Wanderung. Dafür bietet sich beispielsweise die Fischerhütte am Schlachtensee an.

Fischerhütte am Schlachtensee,
Fischerhüttenstr. 136, 14163 Berlin,
www.fischerhuette-berlin.de

Entdeckungsreise

INS REICH DER TEE-TÜFTLER

Im P & T Concept-Store wird der Einkauf zum Erlebnis für die Sinne.

Hoch die Tassen! Junge, hippe Großstädter trinken wieder Tee. Es gibt immer mehr Lifestyle-Marken, die sich dem aromatischen Heißgetränk widmen und Teekultur zeitgemäß interpretieren. Jahrtausendealte Tradition, neuer Aufguss? Tee-Enthusiasten wie das Team der Berliner Manufaktur P & T legen nicht nur Wert auf schickes Verpackungsdesign. Sie wollen Wissen vermitteln und möglichst viele Menschen für hochwertigen Tee begeistern.

Wie ein Teehaus im 21. Jahrhundert aussehen kann, zeigt der P & T Store in Charlottenburg. Hier trifft Altbaucharme auf modernes, puristisches Interieur, asiatische Einflüsse und ein neuartiges Verkaufskonzept. Die feinen Tees, die P & T selbst aus den Ursprungsländern bezieht, mischt und verpackt, werden auf Tischen und in Schubladen übersichtlich präsentiert. Gläserne Petrischalen, gefüllt mit Teeblättern und versehen mit Infotafeln, erinnern an eine Ausstellung im Naturkundemuseum. Neben dem Lerneffekt geht es natürlich auch um den Genuss. Kunden haben die Möglichkeit, verschiedenste Sorten zu begutachten, zu beschnuppern und zu verkosten.

P & T hat sich auf handverarbeitete Ganzblatttees und Kräutertees aus nachhaltigem Anbau spezialisiert: Schwarze, grüne, weiße, Oolong oder Pu-Erh Tees, Kräutertees und Teemischungen. In den Regalen stehen gusseiserne Kannen, Keramiktassen, Matcha-Besen und andere Utensilien, die für die formvollendete Teezubereitung benötigt werden. Wer stets in Eile den nächstbesten Teebeutel aus dem Supermarkt in den Bürobecher wirft, vergisst dabei, dass das Aufgießen und Genießen einer guten Tasse Tee ein entspannendes Ritual sein kann. Der Besuch im P & T Store macht Lust darauf, das Wohlfühlgetränk neu für sich zu entdecken.

P & T, Bleibtreustr. 4, 10623 Berlin,
Tel. 030/555 79 80 10,
www.paperandtea.de,
Mo–Sa 11–19 Uhr, weitere Filialen
in Mitte und im KaDeWe

GLÜCKSVERSTÄRKER

Wenn von Terroir, blumigen Aromen oder Honignoten die Rede ist, muss es nicht um Rebensaft gehen. Spricht ein »Teaist« über einen komplexen Tee, so klingt das ähnlich wie bei einer Wein-probe. Wer vom Teetrinker zum Teekenner werden und mehr über Sorten und Zubereitungsstile erfahren möchte, kann bei P & T an einem Seminar oder Tasting teilnehmen.

Eine Kulisse WIE AUS DEM MÄRCHEN

Die paradiesische Pfaueninsel entführt ihre Besucher in andere Welten.

Ein märchenhaftes Ausflugsziel im Südwesten Berlins ist die Pfaueninsel. Wenn man das 67 Hektar große Eiland betritt, das von der Havel umspült wird, taucht man in eine ganz eigene Welt ein. Hier kann man durch malerische Landschaften spazieren, ein weißes Schlösschen bewundern, farbenprächtige Vögel treffen und viel Faszinierendes über die Geschichte und Geschichten dieses idyllischen Fleckchens Erde erfahren.

Es war einmal ein König, der für sich und seine Geliebte ein Lustschloss bauen ließ. Dieser König war Friedrich Wilhelm II., und in seinem Auftrag entstand 1794 ein Bauwerk, das vorgibt, etwas zu sein, was es nicht ist. Das Pfaueninsel-Schloss mit den zwei Rundtürmen wirkt gemauert, doch bei genauerer Betrachtung zeigt sich, dass die Steine auf eine Holzverkleidung gemalt wurden.

Dem König verdankt das Eiland auch seinen Namen, denn er holte die Blauen Pfauen mit schillerndem Federkleid auf die eigene Trauminsel. Sein Sohn Friedrich Wilhelm III. teilte die Leidenschaft des Vaters für Exotik. Mit seiner Gemahlin Königin Luise und den Kindern verbrachte er später viele Sommertage auf der Pfaueninsel und begann damit, eine ganze Menagerie an exotischen Tieren aus aller Welt zu sammeln. Dazu kamen die Landschaftsgartengestaltung von Peter Joseph Lenné, die Baukünste von Karl Friedrich Schinkel, ein Palmenhaus, Wasserspiele und die »russische Rutschbahn«, eine frühe Form des Kirmes-Fahrgeschäfts. Die Pfaueninsel war zu dieser Zeit eine Art preußisches Disneyland und lockte neugierige Besucherscharen von nah und fern herbei.

Auch wenn ein Großteil der Königlichen Menagerie 1842 nach Berlin umzog, wo sie den Grundstock des Zoologischen Gartens bildete, das imposante Palmenhaus im Jahr 1880 abbrannte und das weiße Schloss wegen Sanierungsarbeiten aktuell leider nicht besichtigt werden kann, gibt es auf der Pfaueninsel viel Spannendes zu sehen und zu erleben. Sie ist heute UNESCO-Welterbestätte und steht unter Naturschutz. Der Ausflug beginnt mit einer Seereise, da die Insel nur mit der Fähre

namens »Luise« zu erreichen ist. Zum Fähranleger gelangt man mit dem Bus 218 vom S-Bahnhof Wannsee. Die Überfahrt – inklusive Eintritt und Parkplan – kostet nur ein paar Euro.

Ob man die Pfaueninsel im Uhrzeigersinn, in entgegengesetzter Richtung oder lieber im Zickzackkurs erwandert, bleibt jedem selbst überlassen. Ein Rundgang am Ufer entlang dauert etwa eine Stunde. Neben Sehenswürdigkeiten wie der Meierei, der Voliere oder dem Rosengarten warten hinter jeder Wegbiegung noch weitere Überraschungen auf Besucher: Pfauen, die auf der Insel frei umherlaufen und erstaunlich gut fliegen können. Wasserbüffel, die als natürliche Rasenmäher bei der Grünpflege helfen. Oder eine uralte Eiche mit einer geheimnisvollen Tür im Stamm, die direkt aus »Alice im Wunderland« zu stammen scheint.

Pfaueninsel, Nikolskoer Weg, 14109 Berlin, Öffnungs- und Fährzeiten jahreszeitenabhängig, siehe Website der Stiftung Preußische Schlösser und Gärten Berlin-Brandenburg: www.spsg.de

Kultkonzert
UNTER DEM STERNENHIMMEL

Musikgenuss, Picknick und einzigartige Naturkulisse in der Waldbühne.

Ein Amphitheater mitten im Wald, eine laue Sommernacht, dazu klassische Musik, Wein und Käsewürfel: Das traditionelle Sommerkonzert der Berliner Philharmoniker in der Waldbühne ist ein ganz besonderes Erlebnis. Jedes Jahr im Juni zelebriert das renommierte Orchester seinen Saisonabschluss unter freiem Himmel. Und rund 22 000 begeisterte Zuschauer feiern mit.

Die Waldbühne Berlin gilt als eine der schönsten Freilichtbühnen Europas. Sie wurde anlässlich der Olympischen Spiele 1936 in einem natürlichen Talkessel erbaut und erinnert an antike griechische Theater. Die Zuschauerränge klettern am Hang des Murellenbergs empor, sodass man von jedem Platz aus einen tollen Blick hat und die ausgezeichnete Akustik genießen kann. Seit den 1960er-Jahren wird die Waldbühne hauptsächlich als Konzertbühne genutzt. Unter dem markanten weißen Zeltdach sind schon internationale Musikgrößen wie Anna Netrebko, Rolando Villazón und Plácido Domingo, aber auch Barbra Streisand, Céline Dion, The Rolling Stones und Depeche Mode aufgetreten.

Das alljährliche Waldbühnenkonzert der Berliner Philharmoniker unterscheidet sich von anderen Konzertabenden dadurch, dass während des Musikgenusses gepicknickt werden darf. Wenn sich die Fläche vor der Bühne in ein buntes Patchwork aus Picknickdecken verwandelt und auf den Rängen Weintrauben, Brot oder Oliven aus Taschen hervorgezaubert werden, dann ist der Moment endlich da, auf den sich Klassikfans bereits seit Monaten gefreut haben. Manche sind jedes Jahr live dabei, wenn die erste La-Ola-Welle durch die Waldbühne rollt, die Sonne langsam hinter den Bäumen versinkt, das Orchester wieder die »Berliner Luft« als letzte Zugabe spielt und alle fröhlich mitpfeifen.

Waldbühne Berlin, im Olympiapark,
Glockenturmstr. 1, 14053 Berlin,
Tel. (Ticket-Hotline) 018 06/57 00 70,
www.waldbuehne-berlin.de

Ländliche Idylle

UNWEIT DER CITY WEST

Im Hofcafé von Mutter Fourage das blühende Leben genießen.

Um charmante Hofläden und Hofcafés zu entdecken, muss man meist aufs Land fahren. Doch in Berlin gibt es einen solchen Ort auch innerhalb der Stadtgrenzen. Im äußersten Südwesten Berlins, im Ortsteil Wannsee, versteckt sich in einem Innenhof die Oase namens Mutter Fourage. Der ungewöhnliche Name wurde von Bertolt Brechts »Mutter Courage« inspiriert. »Fourage«, also Pferdefutter, erinnert an die Geschichte des Hofgeländes, auf dem sich einst eine Futtermittelhandlung befand.

Etwas zu futtern gibt es hier heute noch, aber vor allem für hungrige Ausflügler, die es sich bei gutem Wetter an den Außentischen des Hofcafés bequem machen. Man sitzt auf Kopfsteinpflaster, umgeben von historischen Bauten und üppigem Grün, und lässt sich ein leckeres Frühstück oder Kaffee und Kuchen schmecken. Es riecht ganz wunderbar nach frisch Gebackenem. Auch Kräuter- und Blütenduft liegt in der Luft, denn die hauseigene Gärtnerei füllt den Hof mit bunten Schnittblumen, Stauden und Sträuchern. Pflanzgefäße aus Terrakotta und Gartenskulpturen versammeln sich ebenfalls rings um das Café.

Ein Besuch bei Mutter Fourage ist wie ein kleiner Urlaub vom Großstadtalltag. An sonnigen Frühlingswochenenden gibt es kaum etwas Schöneres, als hier hübsche Pflanzen für den eigenen Balkon oder Garten auszusuchen. Im Feinkostladen neben dem Café kann man sich mit allerlei Delikatessen eindecken. Auf dem Hof befinden sich außerdem eine Galerie, ein Bilderrahmen-Atelier und die Kulturscheune, die ein abwechslungsreiches Programm bietet. Von hier aus gelangt man schnell zum Wannsee und den Parklandschaften im benachbarten Potsdam, sodass sich der Hofbesuch sehr gut mit einem Spaziergang verbinden lässt.

Mutter Fourage, Chausseestr. 15a, 14109 Berlin, Tel. 030/80 58 32 83, www.hofcafe-berlin.de, www.mutter-fourage.de, Öffnungszeiten jahreszeitenabhängig (siehe Website)

Herrlicher HAVELBLICK IN KLADOW

Ein Ausflug mit Seefahrt, Spaziergang und hügeligem Höhepunkt

Bis zum Horizont nur Wiesen, Wasser und Wald. Auf der Havel blitzen weiße Segel und flitzen kleine Motorboote. Wer einmal auf der Anhöhe im Gutspark Neukladow stand und seinen Blick in Richtung Wannsee und Grunewald schweifen ließ, schwärmt meist noch lange danach von dieser malerischen Aussicht. Der idyllische Landschaftspark, im südlichsten Zipfel des Berliner Bezirks Spandau gelegen, ist sowohl Gartendenkmal als auch Landschaftsschutzgebiet.

Um das einzigartige Havel-Panorama zu erblicken, kann man per BVG-Bus oder mit dem eigenen Auto anreisen. Es gibt aber auch die Möglichkeit, mit der Fährlinie F10 vom S-Bahnhof Wannsee nach Alt-Kladow überzusetzen und vom Fähranleger die Uferpromenade entlang bis zum Gutspark zu laufen. Die Überfahrt mit der BVG-Fähre dauert rund 20 Minuten und ist fast so schön wie eine Bootstour mit dem Ausflugsdampfer. So wird schon der Weg zu einem Glücksmoment.

Gutspark Neukladow,
Neukladower Allee 12, 14089 Berlin

GLÜCKSVERSTÄRKER

Auch das Gutshaus Neukladow, ein Café-Restaurant im historischen Herrenhaus von 1800, steht auf dem Park-Plateau.
www.gutshausneukladow.de

Feinkost & Delikatessen

TOP 5

1 **»Die Sechste« im KaDeWe** Die Food- und Restaurant-Etage des Traditionskaufhauses, die zu den größten der Welt zählt, wurde jüngst modernisiert. Appetitanregend: Die Pralinentheke aus gesprenkeltem Granit erinnert an Nougat.
www.kadewe.de

2 **Galeries Lafayette** In der Gourmet-Abteilung im Untergeschoss erleben frankophile Feinschmecker Glücksmomente. Hier gibt es Käse, Wein, Baguette, Pasteten, Macarons und vieles mehr.
www.galerieslafayette.de

3 **Frische-Paradies** Über die paradiesische Auswahl an feinen Lebensmitteln aus aller Welt freuen sich Gastronomie-Profis und ambitionierte Hobbyköche.
www.frischeparadies.de

4 **Goldhahn und Sampson** Filialen gibt es in Prenzlauer Berg und in Charlottenburg. Hier kann man leckere Lebensmittel einkaufen, in Kochbüchern blättern oder an inspirierenden Kochkursen teilnehmen.
www.goldhahnundsampson.de

5 **Rogacki** Schon seit 1928 verkauft die Familie Rogacki Delikatessen. Aus der einstigen Räucherfischbude ist inzwischen ein großes Feinkostgeschäft mit vielfältigem Sortiment geworden.
www.rogacki.de

Frühlingserwachen IM LIETZENSEEPARK

Wenn es am Seeufer grünt und blüht, sprießt auch das Glück.

Vom Eise befreit sind Strom und Bäche durch des Frühlings holden, belebenden Blick; Im Tale grünet Hoffnungs-Glück. – diese Zeilen von Johann Wolfgang von Goethe kommen in den Sinn, wenn man an einem der ersten schönen Tage des Jahres am Ufer des Lietzensees entlangflaniert. Der Himmel ist blau über Charlottenburg, die Sonne lacht und frisches Grün bahnt sich seinen Weg durch braunes Laub vom Vorjahr. Hier und dort recken Krokusse ihre bunten Köpfe vorwitzig empor. Und eine Gruppe leuchtend gelber Osterglocken scheint die Frühlingssaison einläuten zu wollen.

Der sichelförmige, innerstädtische See war einst von Wald umgeben. Heute ist er umringt von beliebten Wohnvierteln, attraktiven Altbauten und wichtigen Verkehrsadern. Das in einen Landschaftspark verwandelte Seeufer dient den Berlinern als Naherholungsoase mitten in der City West. Der Lietzenseepark wurde vom Charlottenburger Gartendirektor Erwin Barth gestaltet und im Jahr 1920 fertiggestellt. Seit 1904 teilt die Neue Kantstraße den Lietzensee in eine nördliche und eine südliche Hälfte. Wer den gesamten See umrunden möchte, überquert entweder die viel befahrene Neue Kantstraße oder läuft durch den Fußgängertunnel unter der Lietzenseebrücke, der allerdings wegen Bauarbeiten immer mal wieder gesperrt ist.

Beim Spaziergang um den See sieht man alte Bäume, eine Rosenpergola, Liegewiesen, Denkmäler, Skulpturen und architektonische Highlights wie das Parkwächterhaus und die Große Kaskade, eine Brunnenanlage mit mediterranem Flair. Baden kann man im Lietzensee nicht, aber einem Sonnenbad steht nichts im Wege. Außerdem wird im Park gejoggt, gespielt, gepicknickt und meditiert. Um es mit den Worten des alten Goethe zu sagen: »Hier ist des Volkes wahrer Himmel.«

Lietzenseepark, 14057 Berlin, www.lietzenseepark.de, Haupteingänge: Kaiserdamm (im Norden), Dernburgstraße (im Süden)

Glück zum Mitnehmen

Mit dem Kissen von **s.wert design** aus 100 % Baumwolle holt man sich das Hauptstadt-Feeling ins eigene Zuhause. Die facettierte Struktur der Fernsehturm-Kugel wurde in ein dekoratives Op-Art-Muster verwandelt. Eine Berliner Sehenswürdigkeit zum Kuscheln. **www.s-wert-design.de**

Ein genussvolles Reiseandenken für Gin-Liebhaber: Im »**Spree Gin**« stecken Demeter-Spreewaldgurken und weitere ausgewählte Ingredienzen in Bioqualität. Ein »Spree Gin & Tonic« ist so erfrischend wie eine Bootsfahrt durch Berlin. **www.spree-gin.de**

Stilvoller kann man den kulinarischen Klassiker wohl kaum genießen: Die »KURLAND Currywurstschale« von der **Traditionsmanufaktur KPM Berlin** verbindet Imbisskultur mit hoher Porzellankunst. Wer mag, kann die elegante Schale auch mit Pommes oder Fingerfood füllen.
www.kpm-berlin.com

Wonach duftet Berlin? Natürlich nach Linde! Wer schon einmal im Frühsommer in der Hauptstadt war, kennt das berauschende, honigsüße Aroma der blühenden Lindenbäume. Die Duftkerze »Berlin« ist eine Hommage an die Stadt, die von der französischen **Parfummarke Diptyque** kreiert wurde und in den Berliner Diptyque-Boutiquen erhältlich ist.
www.diptyqueparis.com

Register nach Themen

ESSEN UND TRINKEN

Afternoon Tea im Hotel Adlon Kempinski Berlin 30
Altstadtcafé Cöpenick 86
Baldon 44
Beba im Gropius Bau 132
Benedict 158
Brauhaus Lemke am Hackeschen Markt 32
BrewDog 136
BRLO BRWHOUSE 110
Café am Neuen See (CaNS) 162
Café Babette 140
Chén Chè 36
Drehrestaurant Sphere im Berliner Fernsehturm 22
Fabrik 23 / Mangiare and Co. 48
Fischer vom Müggelsee 88
Fischerhütte am Schlachtensee 172
Fisherman's 50
Golvet 166
Hafenküche 74
Himmel 8 116
Hofcafé von Mutter Fourage 180
House of Small Wonder 40
Kantini Foodmarket im Bikini Berlin 148
Kimchi Princess 126
Klunkerkranich 130
Knalle Popkornditorei 58
Kranhaus Café 90
Kreuzberger Himmel 116
Markthalle Neun 112
NENI Berlin 156
Nola's am Weinberg 52
Pizzeria Ristorante Papà Pane di Sorrento 12
Restaurant Datscha 71
Restaurant Tim Raue 104
Rübezahl 96
Tak Tak – Polish Deli 17
Van Loon Restaurantschiffe 120
Zur Fetten Ecke 124

ÜBERNACHTEN

Das Stue 170
Hotel am Steinplatz 152
Hotel Stadtbad Oderberger 68
Max Brown Hotel 158
Soho House Berlin 92

EINKAUFEN

Akazienstraße 160
Amore Store 134
Ausberlin 10
Berliner Staudenmarkt 168
Bikini Berlin 148
Buchhandlung Walther König 132
Dehoff Studio 28
Frau Tonis Parfum 142
Goltzstraße 160
Hotel Ultra 34

Lala Berlin 46
Modulor 122
Mulackstraße 42
Mutter Fourage 180
Nandi Concept-Store 62
Nordliebe 160
P & T 174
Preußische Spirituosen Manufaktur 37
s.wert design 54
Sawade 20
Studio Galerie Berlin 76
Winterfeldstraße 160

AKTIV

Bootsverleiher 74, 78, 150, 162
Bootsverleih Kanuliebe 78
Bootsverleih Spreeboote 74
Botanischer Garten Berlin 168
BrewDog DogTap 136
Cowshed Spa 92
Eislaufen 64
Friedrichshagen 96
Greenwichpromenade, Tegeler See 50
Gutspark Neukladow 182
Halbinsel Stralau 93
Insel der Jugend 78
Japanisches Kirschblütenfest Hanami 144
Kienberg 80
Krumme Lanke 172
Lietzenseepark 186
Liquidrom 118
Müggelsee 88, 94
Müggelturm 98
Natur-Bobbahn 80
Park am Gleisdreieck 108
Pfaueninsel 176
Rahnsdorf 88
Reedereien für Stadtrundfahrten 18
Schlachtensee 172
Seebad Friedrichshagen 96
Spreepark 72
Tempelhofer Feld 138
Teufelssee 98
The Hidden by Daniel's Eatery 60
Tierpark Berlin 84
Viktoriapark 106
Zoo Berlin 171

KUNST UND KULTUR

Bernauer Straße 38
Filmgalerie Berlin 24
Gärten der Welt 82
Gedenkstätte Berliner Mauer 38
Gropius Bau 132
KINDL – Zentrum für zeitgenössische Kunst 140
Köpenick 86
Kreuzberg 106
Lobe Block 44
Potsdamer Straße 164
Waldbühne Berlin 178

Impressum

Verantwortlich: Claudia Hohdorf, Sarah Schindler
Lektorat: Anne Köhler
Korrektorat: Anke Höhne
Layout: Leeloo Molnar
Satz: Silke Schüler
Umschlaggestaltung: Jennifer Glas
Repro: LUDWIG:media
Herstellung: Bettina Schippel
Printed in Slovenia by Florjancic

Unser komplettes Programm finden Sie unter

www.bruckmann.de

★★★★★

Sind Sie mit diesem Titel zufrieden? Dann würden wir uns über Ihre Weiterempfehlung freuen. Erzählen Sie es im Freundeskreis, berichten Sie Ihrem Buchhändler, oder bewerten Sie bei Onlinekauf. Und wenn Sie Kritik, Korrekturen, Aktualisierungen haben, freuen wir uns über Ihre Nachricht an Bruckmann Verlag, Postfach 40 02 09, D-80702 München oder per E-Mail an lektorat@verlagshaus.de.

Bildnachweis: Alle Bilder des Innenteils stammen von Stella Hempel, außer: ausberlin, S. 11; AMANO Group/Rian Heller, S. 15; Wikimedia Commons, S. 16; Tak Tak/Saskia Uppenkamp, S. 17; PATIO Berlin, S. 19; Sawade, S. 21; Berliner Fernsehturm/Torsten Fritsche/Die Lichtisten, S. 23 o.; Berliner Fernsehturm/Ydo Sol Images, S. 23 u.; Filmgalerie Berlin, S. 25; Shutterstock: S. 26 (Bokehboo Studios), S. 51 (ArTono), S. 66 (anyaivanova); Sabrina Dehoff, S. 29; Hotel Adlon Kempinski Berlin, S. 31; Lemke Berlin, S. 33; Hotel ULTRA Concept Store/Karsten Wegener Photography, S. 35; Chén Chè, S. 36; Preußische Spirituosen Manufaktur/The Coupettes/thecoupettes.com, S. 37; House of Small Wonder/Karin Shikata, S. 40; Mädchenitaliener/Roger Valentin Mandt, S. 43; Baldon/Richard Pflaume, S. 45; Baldon/PR, S. 45 o.r.; Lala Berlin, S. 47; Fabrik 23, S. 49 ; Nola's am Weinberg, S. 53 o.; s.wert design, S. 55, 188 o.l., 188 u.l.; Popkornditorei Knalle, S. 59; Daniel's Eatery, S. 61 o.; Daniel's Eatery/Jasmin Schuller, S. 61 u.; NANDI, S. 63; Die ungewöhnliche Eislaufschule, S. 65; Hotel Stadtbad Oderberger, S. 69; Datscha, S. 71; Hafen & Hof, S. 75 u.; Studio Galerie Berlin, S. 77; Picture Alliance/DUMONT Bildarchiv, S. 84; Steffen Ostermaier/Tourismusverein Treptow-Köpenick, S. 87; BVG/Antonius, S. 89 u.; Kranhaus Café, S. 91 o.; Soho House Berlin, S. 92; Du Bonheur/Jörg Lehmann, S. 95; Berliner Honig, S. 100 o.l.; Preußisch süß/Sarah Johanna Eick, S. 101 o., 101 M.; Dearsoap, S. 100 M., 100 u.; Haus der feinen Kost, S. 101 u.; Restaurant Tim Raue/Nils Hasenau, S. 105; Restaurant Tim Raue/ASA Selection, S. 105 o.l.;; Grün Berlin/Lichtschwärmer, S. 109; BRLO BRWHOUSE/Ulf Saupe, S. 111; BRLO BRWHOUSE/Seren Dal, S. 111 o.r.; Markthalle Neun, S. 113; Gimme Gelato, S. 114; Kreuzberger Himmel/Nils Hasenau, S. 117; LIQUIDROM, S. 118; Van Loon Restaurantschiffe, S. 121; Van Loon Restaurantschiffe/Malte Jäger, S. 121 o.r.; Modulor, S. 123; Zur Fetten Ecke/Dorit Günter, S. 124; Kimchi Princess, S. 127; Dussmann das Kultur-Kaufhaus, S. 129; Klunkerkranich/Julian Nelken, S. 131 o.r., 131 u.; Gropius Bau/Mathias Völzke, S. 133; Amore Store/Kerstin zu Pan, S. 135; BrewDog, S. 137; KINDL/Zentrum für zeitgenössische Kunst/Jens Ziehe, S. 141; Frau Tonis Parfum, S. 143; Bayerische Hausbau/Bikini Berlin, S. 149 o.l., 149 o.r.; The Dawg, S. 149 u.; Wasserkutsche/Philip Gunkel, S. 151 o.; Hotel am Steinplatz/Autograph Collection, S. 153; ZOO PALAST/Jan Bitter, S. 155; 25hours Hotel Bikini Berlin/NENI Berlin/Stephan Lemke, S. 156; Benedict/Markus Braumann, S. 159; Nordliebe/Syl Gervais, S. 161 o.l., 161 u.; Winterfeldt Schokoladen/Gene Glover, S. 161 o.r.; Café am Neuen See/Fotograf Brückner, S. 163; Andreas Murkudis/Thomas Meyer/Ostkreuz, S. 165 o.l.; Harb GmbH, S. 165 o.r.; Sticks'n'Sushi, S. 165 u.; Golvet, S. 167; I. Haas/Botanischer Garten und Botanisches Museum Berlin, S. 169 o.; Berliner Staudenmarkt/Gärtnerhof GmbH/Kerstin Zillmer, S. 169 u.; Das Stue/Steve Herud, S. 170; Zoo Berlin, S. 171; P & T/Paper & Tea, S. 175; KaDeWe/The KaDeWe Group, S. 184; Karen Grunow, S. 187; Grote & Co. Spirits/Spree Gin, S. 188 o.r.; KPM Berlin, S. 189 o, 189 u.r.; Diptyque, S. 189 u.l.

Umschlagvorderseite: iStock/fotografixx; Umschlagrückseite: Oben: Winterfeldt Schokoladen/Gene Glover; unten links: s.wert design; unten rechts: Wasserkutsche/Philip Gunkel; Klappe vorne: Du Bonheur/Jörg Lehmann

ISBN 978-3-7343-1451-3